DIE REVOLUTION DER GNADE

ARBEITSBUCH

JOSEPH PRINCE

DIE REVOLUTION DER GNADE

ARBEITSBUCH

Erlebe die Kraft für ein Leben frei von Niederlage

Aus dem Englischen von
Sonja Yeo

Die amerikanische Originalausgabe erschien im Verlag FaithWords unter dem Titel *Grace Revolution Study Guide.* Copyright © 2016 by Joseph Prince. This edition published by arrangement with FaithWords, New York, NY, USA. All rights reserved. Dieses Werk wurde vermittelt durch die Literarische Agentur Thomas Schlück GmbH, 30827 Grabsen.

Die Deutsche Nationalbibliothek verzeichnet diese Publikation in der Deutschen Nationalbibliografie; detaillierte bibliografische Daten sind im Internet über http://dnb.d-nb.de abrufbar.

Hervorhebungen einzelner Wörter oder Passagen innerhalb von Bibelzitaten wurden vom Autor vorgenommen. Mit dem verwendeten »lieber Freund« und »lieber Leser« werden auch alle weiblichen Leser angesprochen.

Umschlaggestaltung und Fotos: © 22 Media Pte Ltd
Corporate Design: spoon design, Olaf Johannson
Abbildungen: © 22 Media Pte Ltd
Lektorat: Gabriele Kohlmann, Thilo Niepel
Satz: Grace today Verlag, Gerald Wieser
Druck: CPI – Clausen & Bosse, Leck
Printed in Germany

1. Auflage 2016

Paperback: ISBN 978-3-95933-038-1, Bestellnummer 372038
E-Book: ISBN 978-3-95933-039-8, Bestellnummer 372039

www.gracetoday.de

INHALT

Schlüssel Nr. 3
Wertschätze die Person Jesu

Schlüssel Nr. 4
Sprich die Sprache des Glaubens

Schlüssel Nr. 5
Empfange Gottes überreiche Wiederherstellung

EINLEITUNG

Ich freue mich sehr, dass du dich dafür entschieden hast, dieses Arbeitsbuch zu nutzen, das mein Buch *Die Revolution der Gnade: Erlebe die Kraft für ein Leben frei von Niederlage* ergänzt. Dieses Arbeitsbuch wird dabei helfen, dich fest im Evangelium der Gnade zu gründen, damit du in jedem Bereich deines Lebens bleibende Durchbrüche erlebst.

Lieber Leser, es ist kein Zufall, dass du dieses Arbeitsbuch in die Hand genommen hast. Ich habe gebetet, dass dieses Buch zur richtigen Zeit zur richtigen Person gelangt!

Ich glaube, die Gedanken und Fragen auf den folgenden Seiten werden dir zu einem tieferen Verständnis der herrlichen Person Christi und seines Evangeliums der Gnade verhelfen und dich dazu anregen, die richtigen Glaubensüberzeugungen über Gottes Liebe zu dir und seine Gnade für dich zu entwickeln. Beides wird Hoffnung, Zuversicht, Freude und eine bleibende, von innen nach außen geschehende Verwandlung in jeden Bereich deines täglichen Lebens bringen.

Mein Freund, wenn du gerade eine schwerwiegende Herausforderung durchlebst, darfst du wissen, dass Gott sich gerade jetzt mit seinem Wort der Gnade liebevoll nach dir ausstreckt. Er kennt jedes Detail und will, dass du dich einfach nur voll und ganz auf seine Liebe stützt und ihm erlaubst, tiefgreifend in dir zu wirken und deine Situation grundlegend zu verändern.

Ich glaube wirklich, dass Gott in diesem Buch Wahrheiten für dich bereithält, die dich nicht nur dazu befähigen werden, frei von Niederlage zu leben, sondern dir auch ein unerschütterliches, felsenfestes Fundament errichten, auf dem du ein Leben des Friedens, der Gesundheit und des Sieges genießen kannst!

Dieses Arbeitsbuch eignet sich sowohl für das Selbststudium zur persönlichen Weiterentwicklung als auch für das Studium oder für Gespräche in Kleingruppen, wie zum Beispiel in einem Hauskreis oder in einer Lesegruppe. Welchen Verwendungszweck du auch im Sinn hast, du wirst reichlich Gelegenheit haben, dem Herrn persönlich zu begegnen, wenn du dir Zeit nimmst, sein Wort zu erforschen, darüber nachzusinnen und zu hören, wie sein Geist dir dienend die Worte seiner Gnade in dein Herz und deine Gedanken spricht.

Jedes Kapitel ist einfach und teilnehmerfreundlich gestaltet. Um es bestmöglich zu nutzen, empfiehlt es sich, zuerst das jeweilige Kapitel im Hauptbuch (*Die Revolution der Gnade*) zu lesen. Das wird dir zusätzliche Hintergrundinformationen geben und so dein Verständnis des Inhalts verbessern. Wenn du nicht sicher bist, wie du eine bestimmte Frage beantworten sollst, die auf einer Lehreinheit im Hauptbuch basiert, findest du am Ende dieses Arbeitsbuches einen hilfreichen Antwortleitfaden, den du zurate ziehen kannst. Dort werden alle Fragen beantwortet – außer jene, die eine persönliche Antwort erfordern.

Wenn du dich dafür entscheidest, dieses Arbeitsbuch in einer Kleingruppe zu nutzen, ist es für alle Teilnehmer empfehlenswert, sich vor jedem Treffen vorzubereiten. Jeder sollte sich Zeit nehmen, die relevanten Textabschnitte zu lesen und über die Fragen und ihre jeweilige persönliche Bedeutung nachzudenken. Das wird dem Gruppenstudium Tiefe verleihen und die Einheiten viel fruchtbarer und lohnend für alle machen.

Da dieses Arbeitsbuch sehr private Themen anspricht, sollte beim Gebrauch in einem Gruppenumfeld darauf geachtet werden, dass alles, was auf vertraulicher oder persönlicher Ebene erzählt wird, innerhalb der Gruppe bleibt! Diskretion, Entgegenkommen und gegenseitiger Respekt bilden die Grundlage für eine gesunde Gruppe, in der Menschen sich sicher fühlen können. Entscheidet euch dafür, den jeweils anderen Teilnehmern in Liebe zuzuhören, euch gegenseitig in dem zu ermutigen, was euch in den Bibelstellen und in dem Evangelium, das ihr gemeinsam entdeckt, offenbart wird, und erweist jedem Teilnehmer die Gnade, um die sich in diesem Arbeitsbuch alles dreht.

Mein Freund, ich glaube mit dir, dass jede Einheit, ob im Einzelstudium oder in der Gruppenarbeit, höchst inspirierend sein wird und dich auf eine ganz neue Ebene des Glaubens, der Stärke, des Heilseins und des Sieges in Christus führen wird!

SCHLÜSSEL NR. 1

WACHSE IN MUT UND ZUVERSICHT

KAPITEL 1

DIE REVOLUTION KANN BEGINNEN

Mein Freund, eine Revolution der Gnade fegt heute über die Welt hinweg und erneuert Menschenleben, stellt Ehen wieder her, heilt Kranke und befreit viele Menschen von lang andauernden Erkrankungen, Süchten und aus der Sklaverei der Gesetzlichkeit. Eines hatten all diese Menschen gemeinsam, und das brachte sie von der Niederlage zum Sieg und vom Zusammenbruch zum Durchbruch: Sie alle hatten *eine Begegnung mit Jesus.* Sie alle erhaschten eine Offenbarung seiner Gnade.

Gnade ist keine Sache und die Revolution der Gnade ist keine Bewegung. Gnade ist eine Person und ihr Name ist Jesus. Es spielt keine Rolle, an welchem Punkt oder vor welcher Herausforderung du gerade stehst, die positiven Veränderungen, die du erleben willst, werden zu geschehen beginnen, wenn du die Person Jesu und die Vollkommenheit seines vollbrachten Werks *erkennst* und *glaubst.* Wenn dein Herz und dein Denken fest verankert sind in seiner Gnade und in der Kraft, die sein vollbrachtes Werk in deinem Leben hat, wird *er* dich von innen heraus verwandeln. Wenn du ihm persönlich begegnest und zulässt, dass dein Denken mit den richtigen Glaubensinhalten über deine wahre Identität in ihm erneuert wird, wirst du Freiheit erfahren und das Leben voll auskosten!

1. **Was du über Jesus glaubst, ändert alles. Nimm dir einen Moment Zeit und schreibe auf, wer er für dich ist. Beschreibe, wie dein Zusammentreffen mit Jesus bisher aussah.**

Bei der Revolution der Gnade geht es darum, dass dein Leben von innen heraus verwandelt wird. Es geht dabei um ein Leben, das triumphierend über Niederlage, Versagen und Frustration herrscht. Wenn du Jesus – der Gnade in Person – begegnest und erkennst, dass er dich von Herzen liebt, und wenn der Schleier eines religiösen Christentums entfernt wird, fängst du an, die Niederlage hinter dir zu lassen und einen Riesensprung hin zu deinem Sieg zu machen!

Lies Deans wunderbares Zeugnis (Seite 13 in *Die Revolution der Gnade*). Darin beschreibt er, wie Gefühle der Ablehnung, Unzulänglichkeit, Einsamkeit und Furcht ihn in ein Leben der Süchte und Zwänge führten, wie seine Glaubensansichten über Gott ihn mehr als 30 Jahre lang in der Niederlage gefangen hielten, während er mit seinen Süchten kämpfte, und wie die Wende in seinem Leben erst kam, als er von Gottes Gnade hörte.

2. **Was erfuhr Dean über Gottes Gnade und Jesu Liebe zu ihm, das ihn auf seine Reise in die Freiheit brachte?**

3. **Warum hatte dies eine derartige Wirkung auf ihn? Was glaubte er zu jenem Zeitpunkt über Gott?**

4. **Was fand Dean sonst noch über die »Einfachheit des Evangeliums Christi« heraus, das ihn »von innen heraus« zu verwandeln begann und ihm mühelose Veränderung brachte?**

Der letzte Abschnitt von Deans Zeugnis zeigt uns, dass, ganz gleich wie niedergeschlagen wir uns fühlen oder wie verzweifelt wir sind, eine wachsende Offenbarung von Gottes Gnade die Situation verändern und echte Befreiung bringen kann.

5. Wenn du über deine eigenen Herausforderungen nachdenkst: Welche Botschaft der Hoffnung spricht Gott durch Deans Geschichte persönlich zu deinem Herzen?

Wie es auch bei Dean der Fall war, leben viele Gläubige noch in Verwirrung. Sie glauben, Gott segne sie, wenn sie ihm gehorchen, und verfluche sie, wenn sie versagen und scheitern. Sie vermischen das Gesetz und die Gnade, indem sie in ihrem Leben als Christ an manchen Aspekten des Gesetzes und an manchen Aspekten der Gnade festhalten. Jesus sagte, man könne neuen Wein nicht in alte Weinschläuche füllen. Der neue Wein wird gären und damit die Weinschläuche zerstören – und so verliert man beides (siehe Mt 9,17). Gleichermaßen kann man den neuen Wein der Gnade nicht in den alten Weinschlauch des Gesetzes füllen. Was laut Deans Lebensbericht folgt, sind von Angst, Versagen und Bestrafungen verursachte Schuldgefühle, Scham, die erdrückende Last der Verdammnis und Depressionen.

Gesetz und Gnade durcheinanderzubringen ist gefährlich, weil es das vollbrachte Werk Jesu zunichtemacht … Das Gesetz legt den Schwerpunkt auf den Menschen, wohingegen bei der Gnade Jesus im Mittelpunkt steht. Das Gesetz konzentriert sich darauf, was du erreichen musst; die Gnade konzentriert sich darauf, was Jesus erreicht hat. Unter dem Gesetz wirst du durch deinen Ungehorsam disqualifiziert; unter der Gnade wirst du durch Jesu Gehorsam qualifiziert. Unter dem Gesetz wirst du gerecht gemacht, wenn du das Richtige tust; unter der Gnade wirst du gerecht gemacht, wenn du das Richtige glaubst.

Lies die Seiten 20–22, auf denen die Unterschiede zwischen einem Leben unter dem Gesetz und einem Leben unter der Gnade zusammengefasst werden. Jetzt sieh dir die untenstehende Tabelle an und fülle die Spalte »Unter der Gnade« aus.

UNTER DEM GESETZ	UNTER DER GNADE
Ich konzentriere mich darauf, was ich für Gott erreichen muss.	
Mein Ungehorsam disqualifiziert mich.	
Ich werde nur durch meine Werke gerecht gemacht (bzw. gerechtfertigt). / Ich werde nur dann gerecht gemacht (bzw. gerechtfertigt), wenn ich das Richtige tue.	
Das Gesetz fordert Gerechtigkeit von mir, weshalb ich mir dessen Forderungen permanent bewusst bin.	

Die Wahrheit ist: Durch das Kreuz auf Golgatha sind alle, die an Jesus glauben und ihn als ihren Herrn und Retter anerkennen, unter dem neuen Bund der Gnade. Das hat das vollbrachte Werk unseres Herrn Jesus für dich erreicht. Er starb für dich, damit du jetzt *vollständig* unter Gottes Gnade kommen und die Durchbrüche erleben kannst, die du brauchst.

6. **Wie fühlst du dich, wenn du weißt, dass unser Herr Jesus dich durch sein vollbrachtes Werk von den Forderungen des Gesetzes befreit und dich vollständig unter Gottes Gnade gestellt hat? Nimm dir einen Moment Zeit, um dem Herrn zu danken und ihm zu sagen, wie glücklich dich das macht.**

Als Jesus die Bergpredigt hielt, hob er das Gesetz zurück auf seinen ursprünglichen Standard, denn die Pharisäer hatten es so weit heruntergesetzt, dass es menschenmöglich war, es einzuhalten. Das tat er, um zu zeigen, dass es für Menschen unmöglich ist, durch das Gesetz gerechtfertigt zu werden. Jesus gebrauchte Gottes Gesetz, um den Menschen durch Gottes Gesetz ans Ende seiner selbst zu bringen, damit er erkennt, dass er den Erlöser braucht.

Die gute Botschaft ist, dass Jesus in der Bergpredigt Gottes heilige Maßstäbe predigte, danach aber vom Berg herunterkam, um die Bedürfnisse der leidenden, weinenden und sterbenden Menschheit zu stillen. Wenn Jesus hoch oben im Himmel geblieben wäre und Gottes heilige Maßstäbe von dort angeordnet hätte, hätte es für uns keine Hoffnung und keine Erlösung gegeben. Doch er kam vom Berg herunter und traf auf einen leprakranken Mann, der ein Bild für uns ist, bevor wir von seinem kostbaren Blut reingewaschen wurden. Stell dir vor: Ein unreiner Sünder, der vor dem König der Könige steht. Die ursprünglichen und vollkommenen Maßstäbe der Bergpredigt oder der heiligen Gebote Gottes hätten weder ihn noch uns jemals retten können. Der König wusste das und darum kam er herab, dorthin, wo wir waren.

Dieser Mann stand also vor dem König und sagte: »Herr, wenn du willst, kannst du mich reinigen!« (Mt 8,2). Unser Herr Jesus streckte seine Hand aus, berührte den erkrankten Mann und sagte: »Ich will; sei gereinigt!« Und sofort war er von seinem Aussatz rein (siehe Mt 8,3). Jetzt pass auf: Unter dem Gesetz machen die Leprakranken – die Unreinen – die Reinen unrein. Aber unter der Gnade macht Jesus die Unreinen rein!

7. **Inwiefern gibt dir das Wissen, dass »der König herabkam« und die Kraft hat, die Unreinen rein zu machen, inmitten deiner Herausforderungen Hoffnung?**

Manche verdrehen Gottes Wort und sagen, dass, wenn Menschen unter der Gnade sind, es sie dazu bringen wird, hemmungslos zu sündigen. Viele haben sich hinters Licht führen lassen von dieser falschen Lehre, die Menschen Angst vor Gottes Gnade einflößt. Nichts könnte der Wahrheit fernerliegen. Unter der Gnade zu sein gibt dir die Kraft, ein siegreiches Leben zu führen. Römer 6,14 sagt deutlich: »Denn die Sünde wird nicht herrschen über euch, weil ihr nicht unter dem Gesetz seid, sondern unter der Gnade.« Das Wort »Sünde« bedeutet hier »das Verfehlen eines Zieles«. Man kann es also auch folgendermaßen sagen: Krankheiten, Leiden, Essstörungen, Süchte und jede Form von Bedrücktheit oder Zwang (alles Beispiele dafür, wie wir Gottes Ziel bzw. Maßstab für ein herrliches Leben verfehlen) werden nicht über dich herrschen. Und wann geschieht das? Wenn du nicht unter dem Gesetz, sondern unter der Gnade bist!

8. **Hättest du in deinem Leben gerne Macht über die Sünde, anstatt unter der Herrschaft der Sünde zu leben? Wann und wie kann dies laut Römer 6,14 Realität werden?**

9. **Was hast du über Jesus und seine Liebe zu dir erfahren, nachdem du dieses Kapitel, und insbesondere Annas erstaunliches Zeugnis, gelesen hast?**

Gegen Ende ihres Zeugnisses sagte Anna: »Auch jetzt gerade, wenn ich über diese fantastische Freiheit nachdenke, muss ich weinen und herausschreien: ›Mein Vater ist SO treu!‹ … Ich bin so dankbar, dass Christus mich befreit hat!«

Was Willenskraft und eigene Anstrengung nicht tun konnten, tat Gott durch die Kraft seiner erstaunlichen Gnade. Sein lebendiges und ewiges Wort verkündet: »Denn die Sünde wird nicht herrschen über euch, weil ihr nicht unter dem Gesetz seid, sondern unter der Gnade« (Röm 6,14). Gnade ist die Kraft über jede dich zerstörende Sucht. Nur die Gnade kann dir bleibende Freiheit geben.

10. Glaubst du, dass es Gott wirklich am Herzen liegt, dich von jeder Art von Niederlage zu befreien und dir bleibende Freiheit zu schenken? Schreibe ein an den Herrn gerichtetes Gebet, in dem du ihm sagst, wie du dich fühlst, wenn du über diese Wahrheit nachdenkst, und danke ihm für seine Gnade, die alles Zerstörerische in deinem Leben überwindet.

KAPITEL 2

VERWANDLUNG VON INNEN NACH AUSSEN

Bei der Revolution der Gnade geht es um eine von innen nach außen geschehende Verwandlung, die im innersten Heiligtum des menschlichen Herzens stattfindet, wenn jemand Jesus und seiner Gnade persönlich begegnet. Wir sehen dies in der ersten Begegnung, die der Fischer Petrus mit Jesus hatte. Petrus war mit leeren Netzen ans Ufer zurückgekehrt, als Jesus ihm begegnete, ihn aufforderte, wieder ins Boot zu steigen ... und ihm eine netzzerreißende, bootversenkende Ladung Fische gab. Lies diesen Bericht (siehe Seite 31–33) und achte insbesondere darauf, wie Petrus reagierte, als Jesus ihm sagte, er solle die Netze auswerfen, und was er nach seinem beispiellosen Fischzug zu Jesus sagte.

1. **Wie reagierte Petrus gegenüber Jesus, als so viele große Fische in das Netz eilten, dass es aufgrund dieses außerordentlichen Fangs zu reißen begann?**

2. **Was kam zuerst – Petrus' Buße oder Gottes Segen? Was zeigt uns das über den neuen Bund der Gnade?**

3. **Manche Menschen denken, sie müssten zuerst ihr Leben in Ordnung bringen, bevor sie zu Jesus kommen und ihn um Hilfe bitten können. Was ist an dieser Denkweise problematisch?**

Es verwirrt viele Menschen, wenn ihnen gesagt wird, sie sollten von ihren Sünden »Buße tun«. Zum besseren Verständnis habe ich dir auf Seite 37 in *Die Revolution der Gnade* aufgezeigt, dass in dem hebräischen Wort für Buße, *teschubah*, etwas Wunderschönes verborgen liegt, das Gottes Herz zeigt und erklärt, was er als echte Buße betrachtet. Lies diesen Abschnitt noch einmal, aber dieses Mal langsam.

4. **Was bedeutet *teschubah*, wenn man alle diese Dinge in Betracht zieht? Worum geht es bei Buße?**

5. **Wenn folglich jemand einen Fehler macht oder mit einer sündigen Angewohnheit kämpft und Schamgefühle empfindet, wie kann er echte Buße tun anstatt der Art von Buße, die viele Gläubige in Gebundenheit bringt?**

Lauf nicht vor Gott weg. Lauf zu ihm hin! Er ist dein Retter. Er ist deine Lösung und deine Antwort. Er liebt dich und will dich heil und gesund lieben und dich durch seine vollkommene Liebe verwandeln.

6. **Da wir festgestellt haben, dass es bei Buße darum geht, wegen des Kreuzes zu Gottes Gnade zurückzukommen, inwiefern verändert dies dein Denken über Buße und darüber, wie Gott sich deine Beziehung zu ihm vorstellt?**

Sünde ist zerstörerisch und hat viele schädliche Konsequenzen im Schlepptau. Manche Prediger denken, sie müssten dort, wo Sünde ist, nachdrücklichere, härtere und strengere Predigten über das Gesetz Moses halten. Doch das Wort Gottes sagt uns, dass die Kraft der Sünde das Gesetz ist (siehe 1Kor 15,56). Wenn mehr Gesetz gepredigt wird, ist es so, als würde man noch mehr Öl ins Feuer gießen. Menschen werden nicht befreit und verwandelt, wenn man mit dem Gesetz Moses auf sie einschlägt.

7. **Was ist ausgehend von Römer 6,14 der einzige biblische Weg, damit ein Mensch von der Macht der Sünde befreit und von innen nach außen verwandelt werden kann?**

Unter der Gnade zu leben, setzt die Kraft Gottes frei, um jede Sünde zu überwinden.

Wir haben uns das hebräische Wort für Buße angeschaut. Nun lasst uns das griechische Wort für Buße betrachten – *metanoia*. *Meta* bedeutet »Änderung«, während *noia* von dem Wort *nous* kommt, das »Verstand« bzw. »Denken« bedeutet. Demnach bedeutet *metanoia* bzw. Buße »eine Änderung des Denkens«. Warum ist es wichtig, dein Denken zu verändern? Einfach deswegen, weil der richtige Glaube immer zu richtigem Leben führt.

Alles verändert sich, wenn du das Richtige glaubst – über Gottes Gnade, deine Gerechtigkeit in Christus und darüber, wie du zur Heiligkeit ausgesondert wurdest! Gottes Liebe berührt dich in den tiefsten Winkeln deines Herzens und du beginnst, eine Verwandlung zu erleben, die von innen heraus geschieht. Das ist die Revolution der Gnade in Aktion. Du fängst an, frei von Niederlage zu leben und erfährst bleibende Durchbrüche, weil die Kraft, jedwede Versuchung abzuweisen, nicht von außen kommt, sondern von innen. Es hängt nicht von deiner Willenskraft ab; es hängt von der Kraft des Heiligen Geistes ab, dessen Macht in dir lebt und der die Wahrheiten des Evangeliums bezeugt, an die du glaubst.

8. Was passiert, wenn ein Gläubiger einen Ausweg aus einer Sucht oder aus einer schlechten Angewohnheit sucht und das Richtige (die Wahrheit) über Gottes Gnade und Liebe zu ihm glaubt? Wird es sein Verlangen zu sündigen verstärken oder ihm einen Vorwand zum Sündigen geben, wie manche es behaupten?

Robert – der in seinem Zeugnis davon berichtet, wie er seine fünfzehn Jahre andauernde Kautabak-Sucht vor der Gemeinde bekannte und beschloss, die Sucht zu beenden – stellte fest, dass sie ihn innerhalb einer Woche wieder fest im Griff hatte und er deshalb ein starkes Gefühl der Verdammnis empfand (siehe Seite 42 und 43 in *Die Revolution der Gnade*). Obwohl er, wie er selbst sagt, kämpfte und kämpfte und die Sucht immer wieder aufgab, funktionierten seine Versuche der »Buße« und der Veränderung nicht und machten die Angelegenheit nur noch schlimmer.

9. **Worin bestand die Wahrheit, die Robert hörte und die ihn endlich befreite?**

10. **Wie sah Roberts wiederholte Reaktion auf das Verlangen nach Tabak aus, nachdem er das Evangelium gehört und eine Offenbarung darüber empfangen hatte?**

11. Wie die meisten Gläubigen dachte auch Robert, er müsse »Reue empfinden und Buße tun«, um eine Sünde, Schwäche oder Sucht durch seine eigene Willenskraft zu überwinden. Wodurch wird in dir Glaube und ein neues Hoffnungsgefühl geweckt, wenn du erfährst, worin echte Buße besteht?

Robert fand Freiheit und die Kraft, in einem *Aufschwungzyklus des Sieges* zu bleiben. Echte Veränderung für ihn fand statt, als er die Wahrheit der Gnade Gottes entdeckte: was der Herr Jesus am Kreuz für ihn getan hatte, und wie Gott ihn immer noch liebte und ihm trotz seines Versagens helfen würde. Und als er anfing, sich auf diese Wahrheiten zu *konzentrieren* und immer dann zu den Wahrheiten der Gnade Gottes *zurückzukommen*, wenn er das Verlangen nach seiner Gewohnheit spürte, begann er auch, Sieg über seine Sucht zu erleben.

Das ist es, was der richtige Glaube – echte Buße – für Robert tat. Das richtige Leben, das Robert erfahren wollte, wurde nicht dann zur Realität, als er versuchte, es aus eigener Kraft umzusetzen. Es wurde zur Realität, als er die Gnade entdeckte und immer wieder zu ihr zurückkam, wenn er schwach war. Das ist der Schlüssel, um Sünde und jeden Zwang in deinem Leben zu überwinden.

12. **Hast du den Wunsch, diesen Aufschwungzyklus des Sieges zu erleben? Wodurch kann diese bleibende Verwandlung in deinem Leben heute Wirklichkeit werden?**

Während wir zum Ende dieses Kapitels kommen, darfst du wissen: Gott will, dass du jedes Mal, wenn du dich schwach fühlst oder versagst, zu der Person der Gnade und ihrem vollbrachten Werk zurückkommst. Das wird immer Befreiung bewirken, dir einen Neubeginn und eine neue Art zu leben und zu lieben schenken, die dein Leben radikal verwandeln wird.

KAPITEL 3

HÖRE DAS WORT SEINER GNADE

Zur Zeit Jesu wurden die Leprakranken laut dem Gesetz Moses geächtet und isoliert. Weil sie wussten, wie unrein sie waren und dass Verstöße gegen das Gesetz mit Steinigung bestraft werden konnten, war ihre natürliche Reaktion, sich zurückzuziehen und zu verstecken.

Ein solcher leprakranker Mann hatte sich auf dem Berg der Seligpreisungen aus Angst, von der dort versammelten Menschenmenge gesehen zu werden, unter einer Steinplatte versteckt. Er war gekommen, um den Mann zu hören, den die Leute »Jesus« nannten, von dem andere sagten, er heile alle, die zu ihm kämen, woran auch immer sie litten.

Alle. Dieses kleine Wort gab ihm Hoffnung, dass möglicherweise sogar er heilgemacht werden konnte.

1. **Aufgrund der einzigartigen Akustik der Hügel war der leprakranke Mann in der Lage, jedes Wort zu hören, das Jesus sprach, und jedes Wort, das er sprach, war erfüllt von einem unermesslich tiefen Verständnis und Mitgefühl für die alltäglichen Ängste dieses Mannes. Welche Worte der Barm-**

herzigkeit hörte dieser Mann von Jesus (siehe Mt 6,28–30)? Welche Wirkung hatten diese Worte auf ihn?

2. **Nach all den Jahren, in denen er abgelehnt worden war und als Ausgestoßener gelebt hatte, welche Bedeutung hatten Jesu Worte für ihn, dass sein Herz sich derart mit Verwunderung füllte?**

3. **Was tat der leprakranke Mann, als er Jesu Worte hörte?**

4. **Was tat Jesus, als der leprakranke Mann sich entschloss, zu ihm zu gehen und begann, sich seinen Weg zu Jesus zu bahnen?**

5. **Überwältigt fiel der leprakranke Mann zu Jesu Füßen, betete ihn unter Tränen an und flüsterte: »Herr, wenn du willst, kannst du mich reinigen.« Jesus antwortete umgehend darauf – worin bestand seine Antwort und zu welchem Ergebnis führte sie?**

Sich zu verstecken brachte dem leprakranken Mann in Matthäus 8 nicht die Heilung und die Wiederherstellung, die er brauchte. Zum Glück hörte er von der Güte Gottes – davon, wie Gott sein liebender Vater sein und sich um alle seine Bedürfnisse kümmern wollte. Das brachte ihn dazu, sein Versteck zu verlassen und sich Hilfe suchend an den Herrn zu wenden, um von ihm sein Wunder zu empfangen. Gottes Güte zu hören, veränderte sein Denken. Er sah Gott nicht länger als den, der unreine Menschen verbannte und verdammte, sondern als den, der sie ungeachtet ihres Zustands liebte. Dieser Sinneswandel entzündete seinen Glauben und erfüllte sein Herz mit Mut, die Heilung zu suchen und zu empfangen, nach der er sich so sehr sehnte.

Könnte es sein, dass auch du dich – wie der leprakranke Mann – heute vor Gott versteckst? Vielleicht kämpfst du schon lange mit einer Sucht oder steckst in einem Kreislauf ständiger Niederlagen fest, vielleicht ist deine Ehe oder dein Unternehmen gescheitert oder du hast falsche Entscheidungen getroffen. Und vielleicht hat dein Versagen dich dazu gebracht, dass du Gott, der Gemeinde oder Menschen generell aus dem Weg gehst. Lieber Freund, was immer dir heute das Gefühl geben mag, »unrein« oder ausgeschlossen zu sein: Gott möchte, dass du dein Denken über ihn änderst und, anstatt dich zu verstecken, zu ihm läufst!

6. **Wie entsteht laut Römer 10,17 der Glaube, um dein Wunder zu erhalten?**

7. **Warum ist es äußerst wichtig, was du über Gott hörst?**

8. Was zeigt Apostelgeschichte 10,38 uns darüber, was Gott für dich tun will?

9. Wenn Jesus Gottes Wille in Aktion ist, und er in den Evangelien umherzog und Gutes tat, was zeigt dir das darüber, wie Gott wirklich ist?

Wenn du den Glauben haben möchtest, der dich zum Durchbruch führt, sorge dafür, dass du durch das »Wort Christi« – das sich auf das Wort des *neuen Bundes*, das Wort *seiner Gnade* bezieht – das Richtige über Gott hörst und glaubst.

In der Apostelgeschichte sagt der Apostel Paulus: »Und nun, Brüder, übergebe ich euch Gott und dem Wort seiner Gnade, das die Kraft hat, euch aufzuerbauen und ein Erbteil zu geben unter allen Geheiligten« (Apg 20,32). Was hat die Kraft, dich aufzuerbauen und dir ein Erbteil unter allen Geheiligten zu geben? Es ist das Wort seiner Gnade bzw. das Wort Christi. Die Bibel ermahnt uns: »Lasst das Wort des Christus reichlich in euch wohnen in aller Weisheit« (Kol 3,16).

10. Was sollte folglich deine höchste Priorität sein, wenn du entmutigt bist, wenn du Angst hast oder wenn du eine schlechte Prognose gehört hast?

Wenn das Wort Christi reichlich in dir wohnt, werden seine Liebe und Gnade dazu führen, dass du jede Versuchung und Angst überwindest, du deinen Riesen tötest und dein Leben mit größerer Kühnheit und im Sieg führst!

Callis herzzerreißende Geschichte (Seite 57) zeigt auf tiefgründige Weise, dass das Wort Christi die Kraft hat, dein Leben zu verändern.

11. Was war Calli gelehrt worden, das zu ständiger Angst führte?

Wenn auch du bisher Ängste in Bezug auf Gott hattest, wie hat sich deine Sicht auf Gott verändert, seitdem du dieses Buch durchgehst?

12. Welchen Einfluss hatte die Reaktion anderer Christen letztlich auf Calli? Wie sah im Gegenzug dazu die Reaktion des Herrn ihr gegenüber aus?

Callis Fesseln der Dunkelheit, der Psychose und der Süchte wurden allesamt durchbrochen, als sie von Jesus und seiner Gnade hörte und dass Jesus gesagt hatte, nichts könne uns aus seinen Händen reißen. Der Herr sprach zu ihr und sagte: »Mein Kind, ich habe dich während all dieser Jahre, in denen du gestrauchelt, gefallen und umhergeirrt bist, in meiner Hand gehalten und darauf gewartet, dass du dich umdrehst und meine Stimme hörst. Du bist mein.«

13. Während du Callis Begegnung mit Jesus noch einmal liest, nimm dir einen Moment Zeit, um deinem liebenden Retter, Jesus, deine eigene Situation zu bringen und die Worte seines Trostes und seiner Gnade an dich aufzuschreiben.

Hast du dich je gefragt, was einem Menschen die Stärke gibt, ein Sieger zu werden, so wie zum Beispiel Daniel oder David in der Bibel? Lies die Seiten 60–61 und sieh dir an, welche erstaunlichen Dinge sie taten und wie sich ihr Wesen veränderte.

14. Was sagt Daniel 11,32 darüber, wie man ein Sieger wird?

15. Sehnst du dich danach, wie Daniel zu sein – nach einem Leben in Stärke, Weisheit und Gunst, das unverkennbar und unwiderstehlich ist, danach, Wunder und Durchbrüche in deinem Leben zu sehen? Was ist der Schlüssel?

16. David trat Goliat gegenüber und besiegte ihn, während andere sich voller Angst versteckten – und David wurde ein Mann nach dem Herzen Gottes. Was wusste David, das auch du wissen musst, weil es dir heute dabei helfen wird, zu wachsen?

Du musst Gottes Liebe in deinem Herzen erfahren. Kopfwissen, also nur verstandesmäßig zu wissen, dass Gott dich liebt, weil er jeden liebt, wird nichts bringen. Nur dann, wenn du der Person Jesu und seiner Gnade wirklich begegnest und wenn du in deinem Herzen erkennst, dass er *dich* liebt, finden in deinem Leben positive und tiefgreifende Veränderungen statt.

17. In 2. Petrus 1,2 steht: »Gnade und Friede werde euch mehr und mehr zuteil in der Erkenntnis Gottes und unseres Herrn Jesus!« Was sagt uns die Bedeutung des griechischen Wortes für »Erkenntnis« (siehe Seite 63) über die Kraft, die darin liegt, etwas über den Herrn Jesus und seine Liebe zu hören?

18. Nachdem du Gideons Geschichte auf Seite 61 gelesen hast, fühlst du dich vielleicht wie er – klein und kraftlos angesichts deiner Herausforderungen. Was waren die gnädigen, ermutigenden Worte, die Gideon hörte und für sich annahm, die auch du hören und annehmen kannst, um Stärke und Weisheit zu finden und deine Bestimmung zu erfüllen?

KAPITEL 4

EMPFANGE DIE GRÖSSTE ALLER SEGNUNGEN

Der Schlüssel für ein Leben mit mehr Zuversicht und Mut besteht darin, zuallererst zu wissen, dass alle deine Sünden vergeben sind. Heute darfst du als geliebtes Kind Gottes wissen, dass dein himmlischer Vater nicht böse auf dich ist. Alle deine Sünden sind am gekreuzigten Körper Jesu gerichtet und bestraft worden.

Viele Gläubige haben mit Schuldgefühlen, Angst und Verdammnis zu kämpfen, weil sie nicht die Zuversicht haben, dass *alle* ihre Sünden ein für alle Mal vergeben wurden. Wenn sie versagen, verstecken sie sich – wie es auch Adam und Eva im Garten Eden taten – unbewusst vor ihrem himmlischen Vater, anstatt vertrauensvoll zu seinem Thron der Gnade zu kommen, um dort Barmherzigkeit zu empfangen und Gnade zu finden, die ihnen hilft, wenn sie sie am meisten brauchen (siehe Hebr 4,16 NLB).

1. Wie beschreibt Joni in ihrem herzerwärmenden Zeugnis (Seite 65) ihr Bild von Gott?

2. **Als Joni begann, von Gottes Gnade zu lesen, welche Entdeckung machte sie, die nicht nur ihr Leben, sondern auch die Beziehungen zu ihren Kindern, Eltern und sogar zu sich selbst veränderte?**

3. **Jonis Leben begann sich zu verändern, als sie die Offenbarung empfing, dass alle ihre Sünden, Fehler und schlechten Entscheidungen vergeben sind. Hast du diese Gewissheit, dass alle deine Sünden vergeben wurden?**

Als du Jesus als Herrn und Retter in dein Herz eingeladen hast, wurden dir im selben Moment alle deine Sünden vergeben – deine vergangenen Sünden, deine gegenwärtigen Sünden und deine zukünftigen Sünden. Das Wort Gottes sagt uns: »In ihm haben wir die Erlösung durch sein Blut, die Vergebung der Sünden, nach dem Reichtum seiner Gnade« (Eph 1,7 LUT). Sobald du von neuem geboren bist, bist du in Christus. Du musst nicht versuchen, Vergebung zu erlangen. Du *hast* die Vergebung der Sünden, und diese

Vergebung der Sünden, die du hast, kommt nicht aus dem, was du getan hast, sondern aus dem Reichtum der Gnade Gottes – seiner unverdienten, nicht von uns erarbeiteten und von unseren Leistungen unabhängigen Gunst!

4. **Die gute Botschaft des Evangeliums ist, dass unser Herr und Retter Jesus Christus sich selbst am Kreuz opferte und dass sein vollkommenes, sündloses Blut uns die Vergebung aller unserer Sünden bot. Wie beschrieb David in Römer 4,7–8 (NLT) die Glückseligkeit eines Menschen, dessen Sünden vergeben sind?**

5. **Wohin führt es hingegen, wenn Gläubige zu zweifeln beginnen, ob ihnen wirklich vergeben ist?**

Sinne nach über Römer 4,7–8 und über den Segen der Vergebung Gottes, für die er so teuer bezahlt und die er uns so freigiebig geschenkt hat. Erlaube dieser Wahrheit, sich in deinem Herzen zu verankern, es mit Stärke zu erfüllen und jede Angst und jedes Gefühl der Unsicherheit zu vertreiben.

Kolosser 1,13–14 sagt Gläubigen, die in Christus von neuem geboren sind: »Er [Gott der Vater] hat uns errettet aus der Herrschaft der Finsternis und hat uns versetzt in das Reich des Sohnes seiner Liebe, in dem wir die Erlösung haben durch sein Blut, die Vergebung der Sünden.« Beachte die *Ortsveränderung*. Früher warst du unter der Herrschaft der Finsternis. Aber in dem Moment, als du an Jesus glaubtest, wurdest du von dort weg und unter das Blut Jesu gebracht, wo es immerwährende Vergebung der Sünden gibt.

Um die vollständige Vergebung der Sünden zu begreifen, müssen wir den Wert des einen Mannes, Jesus, verstehen, der sich selbst am Kreuz für uns opferte. Er allein konnte, weil er sündlos war, für alle Sünden eines jeden Menschen bezahlen, als er auf Golgatha starb. Er nahm das Gericht, die Strafe und die Verdammnis für alle Sünden der Menschheit auf sich.

6. **Lies Römer 10,9–13 aufmerksam durch. Da für die Sünden eines jeden bezahlt wurde, bedeutet das, dass jedem auch automatisch vergeben ist? Wie wird ein Mensch laut der Bibel ein von neuem geborener Gläubiger in Christus?**

Um gerettet zu werden, muss jeder Einzelne für sich selbst die Entscheidung treffen, die Vergebung aller seiner Sünden zu empfangen, indem er Jesus als seinen persönlichen Herrn und Retter annimmt. Die Lehre, dass am Ende jeder gerettet sein wird, ohne Jesus und sein vollbrachtes Werk am Kreuz angenommen zu haben, ist eine Irrlehre.

7. **In 1. Korinther 15,17.20–22 steht: Ohne die Auferstehung Jesu gibt es keine Gewissheit, dass alle unsere Sünden vergeben wurden. Welche weitere Aussage, die dir die Gewissheit deiner Vergebung in Christus gibt, ist in dieser Bibelstelle zu finden?**

Unsere Vergebung ist nicht abhängig von uns und davon, was wir getan oder nicht getan haben – also kann niemand damit angeben, sich seine Vergebung durch eigene Anstrengungen erarbeitet zu haben. »Noch einmal: Durch ›Gottes‹ Gnade seid ihr gerettet, und zwar aufgrund des Glaubens. Ihr verdankt eure Rettung also nicht euch selbst; nein, sie ist Gottes Geschenk. Sie gründet sich nicht auf ›menschliche‹ Leistungen, sodass niemand ›vor Gott‹ mit irgendetwas großtun kann« (Eph 2,8–9 NGÜ). Durch den Glauben an das vollbrachte Werk Jesu am Kreuz haben wir das Geschenk der Rettung erhalten. Ein Geschenk bedeutet: Du kannst nicht dafür arbeiten, es nicht erwerben oder es dir verdienen. Der Geber gibt dem Empfänger ein großzügiges Geschenk, und Jesus gab sein Leben als Lösegeld, um deines damit freizukaufen.

8. Lies Epheser 2,8–9 noch einmal. Wie wirst du gerettet? Wie wurden alle deine Sünden vergeben? Wie bist du gerecht gemacht worden?

Das ist deine unerschütterliche Grundlage, die auf dem vollbrachten Werk Jesu Christi basiert. Lass nicht zu, dass irgendeine Lehre das Kreuz Jesu in deinem Leben schmälert und aus Errettung, Vergebung und Gerechtigkeit Dinge macht, an denen du arbeiten musst, um sie aufrechtzuerhalten und zu behalten.

9. Bei Gerechtigkeit geht es nicht darum, das Richtige zu tun. Bei Gerechtigkeit geht es darum, das Richtige zu glauben. Wie wirst du laut Römer 5,18–19 gerecht gemacht?

10. **Wenn du gebeutelt wirst von den Stimmen der Anklage und der Verdammung wegen deines Versagens, was musst du glauben und aussprechen, damit Gottes Gunst und jeder Nutzen seines vollbrachten Werks in deiner Situation freigesetzt wird?**

Manche Menschen lehren, dass alle unsere vergangenen Sünden vergeben sind, sobald wir Jesus annehmen, unsere zukünftigen Sünden jedoch nur dann vergeben werden, wenn wir sie bekennen und Gott um Vergebung bitten. Wir wollen uns ansehen, was die Bibel darüber sagt.

11. **Epheser 1,7 (LUT) erklärt: »In ihm *haben* wir die Erlösung durch sein Blut, die Vergebung der Sünden, nach dem Reichtum seiner Gnade«. Worauf weist das Verb für »haben« im griechischen Grundtext hin?**

12. **Des Weiteren steht in 1. Johannes 2,12: »Ich schreibe euch, ihr Kinder, weil euch die Sünden vergeben sind um seines Namens willen.« Was können wir der griechischen Zeitform entnehmen, die hier für »vergeben sind« verwendet wird?**

13. **Kolosser 2,13–14 erklärt, dass Gott, als wir in unseren Sünden tot waren, uns mit Christus lebendig gemacht und uns *alle* Sünden vergeben hat. »Er hat den Schuldbrief getilgt, der mit seinen Forderungen gegen uns war, und hat ihn weggetan und an das Kreuz geheftet.« Was bedeutet das Wort »alle« im Griechischen, und welche Bedeutung hat das für dich als Gläubigen?**

In Hebräer 10,14 (ELB) steht: »Denn mit einem Opfer hat er [Jesus] die, die geheiligt werden, für immer vollkommen gemacht.« Wie lange bist du vollkommen gemacht? *Für immer!* Wie kannst für immer vollkommen gemacht sein, wenn deine zukünftigen Sünden nicht vergeben sind? Sie sind eindeutig vergeben!

Viele Gläubige sind besorgt, dass Menschen die Offenbarung ihrer vollständigen Vergebung ausnutzen und weiterhin ein gottloses Leben führen werden. Sie machen sich Sorgen, dass eine solche Lehre keinen Wert auf Heiligung legt oder auf den Wunsch, ein heiliges Leben zu führen, das Gott verherrlicht. Da es so entscheidend ist, dies zu verstehen, geh die Seiten 77–79 bitte besonders aufmerksam durch.

Hebräer 10,14 sagt uns, dass wir geheiligt werden, obwohl wir durch den einen Gehorsamsakt Christi am Kreuz *für immer vollkommen gemacht* wurden. Das bedeutet: Als du Jesus angenommen hast, war dir im selben Moment vergeben, du warst augenblicklich gereinigt von aller Sünde, aus Glauben gerechtfertigt und vollkommen gerecht gemacht durch das Blut Jesu. Als Gläubiger kannst du nicht gerechter werden, aber in Bezug auf deine Lebensführung kannst du heiliger werden.

14. Was bedeutet *Heiligung*? Wie wird man heiliger?

Bei der Heiligung oder dem Wunsch, ein heiliges Leben zu führen, dreht sich alles um die Gnade. Im Gegensatz zu dem, was viele Menschen denken, wird richtiges Leben von der Offenbarung der Vergebung weder beeinträchtigt noch benachteiligt. Stattdessen *ist Gnade der Treibstoff, der richtiges Leben hervorbringt.*

15. Was sagen dir 2. Timotheus 2,1 und 2. Petrus 3,18 darüber, dich selbst im Evangelium der Gnade zu erbauen?

Ein lieber Bruder schrieb uns und gab uns damit ein wunderschönes, aus dem Leben gegriffenes Bild, das zeigt, was wirklich passiert, wenn ein Mensch die Offenbarung seiner Vergebung in Christus empfängt. Er schrieb: »Früher, als ich *versuchte*, ein guter Christ zu sein, *kroch* ich nur vorwärts, Zentimeter für Zentimeter. Aber jetzt, da ich die Gnade ergriffen habe, *renne* ich in meiner Beziehung mit Gott! Je mehr ich über Gottes erstaunliche Gnade erfahre, desto sehnlicher wünsche ich mir, ihn mit meinem ganzen Leben zu verherrlichen!« Das Evangelium der Gnade führte ihn in eine Vertrautheit mit Gott, von der er zuvor nur geträumt hatte.

Gnade bringt echte Heiligkeit hervor. Je mehr du in der Gnade wächst – je mehr du immer wieder von dem Wasser des Wortes der Gnade Gottes gewaschen wirst – desto mehr wirst du in Heiligung und Heiligkeit wachsen und desto mehr wirst du dem Heiligen Geist erlauben, Angewohnheiten und Gedanken zu korrigieren, die dich gefangen halten. Lieber Freund, wenn du die Gnade unseres Herrn Jesus erlebst, verblassen der Reiz der Sünde und ihre flüchtigen Genüsse im Licht seiner Herrlichkeit und Gnade. Zudem kommt zunehmend Sieg in zuvor kräftezehrende Bereiche der Schwachheit und Niederlage.

16. Gnade wird dich frei machen für die Art von Beziehung mit Gott, nach der du dich immer gesehnt hast – eine Beziehung, die innig, kraftvoll und voller Frieden, Freude und guter Frucht ist. Nimm dir einen Moment Zeit, um zu deinem liebenden Retter zu kommen und seine Gnade und die Gewissheit seiner vollständigen Vergebung deiner Sünden zu empfangen. Schreibe ein einfaches Gebet auf, in dem du ihm dafür dankst, wie viel dir vergeben wurde.

KAPITEL 5

FANG AN, ZUVERSICHTLICH ZU LEBEN

Wenn du die Kraft des stetig reinigenden Blutes Jesu begreifst, wird dein Leben für immer verändert. Angst und Depression weichen unbeschreiblichem Frieden und unbeschreiblicher Freude. Du fühlst dich nicht mehr unsicher, was deine Errettung angeht, weil du nun die glückselige Gewissheit hast, dass das ewige und wirksame Blut Christi dich von jeder Sünde gereinigt hat und dich auch weiterhin reinigt!

Frances Ridley Havergal, eine bekannte englische Kirchenliedschreiberin aus dem 19. Jahrhundert, kämpfte mit Angst, Unsicherheit und Depression. Obwohl sie äußerst begabt war und Christus früh als ihren Retter angenommen hatte und den Herrn innig liebte, war sie davon überzeugt, dass ihre »große Schlechtigkeit des Herzens« ein volles und inniges Leben mit dem Herrn verhinderte.

1. **Wonach sehnte sich Frances in ihrer Beziehung mit Gott?**

2. In 1. Johannes 1,7 steht: »Wenn wir aber im Licht wandeln, wie er im Licht ist, so haben wir Gemeinschaft miteinander, und das Blut Jesu Christi, seines Sohnes, reinigt uns von aller Sünde.« Welche Offenbarung bekam Frances über das griechische Wort für »reinigt«, die sie aus der Niedergeschlagenheit und den Tiefen der Verzweiflung heraushob?

»Wie wir [Jesus] vertrauen dürfen, dass er uns von den Flecken vergangener Sünden reinigt, so dürfen wir ihm vertrauen, dass er uns von aller gegenwärtigen Befleckung reinigt; ja, *aller*!«

Frances Havergals kraftvolle Offenbarung des ewig reinigenden Blutes Jesu öffnete ihrem Herzen die Tür zur »vollen Herrlichkeit der Hoffnung und Freude«. Im Anschluss an diese Offenbarung schrieb sie eins ihrer vielgeliebten Loblieder *Wie ein Strom von oben*. Lies den Text dieses wunderschönen Liedes auf den Seiten 86–87.

3. Wie wurde Frances' Leben von innen heraus verwandelt, so wie auch deines verwandelt werden kann?

4. **Weil das Blut Jesu dich fortwährend reinigt, kannst du nicht ins Licht Christi hinein und wieder hinaus springen, hinein und hinaus aus deiner Vergebung, Rechtfertigung und Gerechtigkeit; hinein und hinaus aus der Gemeinschaft mit Gott. Welche Gewissheit gibt dir das über deine Errettung in Christus?**

Vielen Gläubigen wird beigebracht, Hebräer 10,26–29 warne uns davor, dass wir unsere Errettung verlieren und Gottes »Gericht und das gierige Feuer« erwarten können, wenn wir mutwillig sündigen. Infolgedessen werden diese Gläubigen sündenbewusst – immer darauf bedacht und besorgt, sie könnten vielleicht mutwillig gesündigt haben und Gottes Gericht werde auf sie kommen. Wenn ihnen etwas Schlechtes passiert (wenn sie beispielsweise krank werden), schreiben sie dies sofort Gottes Gericht über ihre Fehler zu. Gott, der Vater, möchte nicht, dass wir mit dieser Angst und einem ständigen Bewusstsein des Gerichts leben.

Fast jede Sünde, die wir nach unserer Errettung begehen, ist mutwillig (mit Ausnahme der Sünden, die wir unbewusst begehen). Also kann Hebräer 10,26 sich nicht darauf beziehen, denn sonst würde jeder Gläubige jeden Tag in der Erwartung von Gottes Gericht leben! Was bedeutet es also, »mutwillig zu sündigen«? Ist es etwas, das ein Gläubiger tun kann?

Auf den Seiten 93–98 findest du eine detaillierte Untersuchung dieser Bibelstelle. Lies sie noch einmal und schau sie dir in ihrem

Zusammenhang an, damit du mit dieser Frage ein für alle Mal abschließen kannst.

5. **An wen wurde der Hebräerbrief geschrieben und an wen speziell richtet sich der Abschnitt Hebräer 10,26–29?**

6. **Auf welche konkrete Sünde bezieht sich »mutwillig sündigen« in diesem Kontext?**

7. **Warum also kann Hebräer 10,26–29 sich nicht an Gläubige richten und sich nicht auf Christen beziehen, die »rückfällig« werden oder »vom Weg abkommen« oder auf Christen, die in einem Moment der Schwäche oder Versuchung sündigen?**

8. **Das griechische Wort für »Gericht« in Hebräer 10,27 ist *krisis* und meint »ein Verdammungsurteil oder eine Strafe«. Wem gilt dies in Wirklichkeit?**

9. **Was sagte Jesus folglich in Johannes 5,24 in Bezug auf das Gericht und *Gottes Kinder*? Sollten Gläubige das Gericht des Herrn jemals fürchten?**

Sei dir in deinem Herzen gewiss: Als an Jesus Glaubende hat jeder von uns geglaubt zur ewigen Errettung der Seele. Echte Gläubige müssen Gottes Gericht niemals fürchten, weil das gesamte Feuer des Gerichts vollständig auf unseren Herrn fiel, als er auf Golgatha unsere Sünden trug. Halleluja!

In 1. Johannes 1,9 steht: »Wenn wir aber unsere Sünden bekennen, so ist er treu und gerecht, dass er uns die Sünden vergibt und uns reinigt von aller Ungerechtigkeit.« Viele Gläubige sagen, dieser Vers lehre uns, Gläubige müssten weiterhin ihre Sünden bekennen, damit ihnen vergeben wird und sie von aller Ungerechtigkeit gereinigt werden. Bitte gehe die Seiten 100–107 durch, um den Kontext und die Anwendung dieses Verses zu erforschen.

10. Welches Problem entsteht, wenn wir *jede* Sünde bekennen müssen, um »mit Gott im Reinen sein« zu können?

In 1. Johannes 1,9 wird für das Wort »Sünden« beide Male das griechische Substantiv *hamartia* gebraucht. *Hamartia* (»eine Zielverfehlung«) verweist auf »ein Gesetz oder eine Quelle des Handelns, oder ein inneres Element, das Handlungen hervorbringt … ein beherrschendes Gesetz bzw. eine beherrschende Kraft«. Es bezieht sich auf das Gesetz der Sünde bzw. auf unseren sündigen Zustand aufgrund der Sünde Adams. Da Johannes dieses Wort als Substantiv gebrauchte, bezog er sich damit eindeutig nicht auf unser Begehen einzelner Sündenhandlungen, denn sonst hätte er die Verbform *hamartano* benutzt.

11. In Anbetracht dieser Tatsache: Auf welche Art von Sündenbekenntnis bezieht Johannes sich an dieser Stelle?

1. Johannes 1,9 ist vorrangig ein Vers zur Errettung. Es ist ein Vers, der einen Sünder dazu ermutigt, seinen sündigen Zustand bzw. seine »Sünderschaft« zuzugeben und zu bekennen, aus Glauben an unseren Herrn Jesus Christus von neuem geboren zu werden und seinen sündigen Zustand durch Adam gegen einen neuen gerechten Zustand durch Christus austauschen zu lassen.

12. Wie oft müssen wir das tun?

Nur zwei Verse weiter erklärt Johannes: »Meine Kinder, dies schreibe ich euch, damit ihr nicht sündigt! Und wenn jemand sündigt, so haben wir einen Fürsprecher bei dem Vater, Jesus Christus, den Gerechten« (1Joh 2,1). In diesem Vers handelt es sich bei dem Wort »sündigt« beide Male um das griechische Verb *hamartano*. Hier bezieht Johannes sich auf den Fall, dass Gläubige Sünden begehen – auf ihre sündigen Gedanken und Taten.

13. Woran erinnert Johannes die Gläubigen, wenn sie versagen?

Die biblische Lösung zur Überwindung von Sünde besteht immer darin, Gläubige an ihre gerechte Identität in Christus zu erinnern. Das soll uns nicht zum Sündigen anregen; es soll uns stattdessen dazu ermutigen, auf unseren Herrn Jesus zu schauen, unsere Sünden am Kreuz bestraft zu sehen und für ihn zu leben – auf siegreiche und herrliche Weise. Erinnere dich: Bei echter Buße geht es darum, sich zum Kreuz zu wenden und zu seiner Gnade zurückzukommen!

14. Bekennen wir als Gläubige unsere Sünden, *damit* uns vergeben *wird*?

15. Inwiefern hilft uns dieses Wissen dabei, Gott gegenüber ehrlich zu sein, was unsere Schwächen angeht, und seine Gnade zu empfangen, um diese Schwächen zu überwinden?

Die reinigende Kraft des vergossenen Blutes Jesu ist der Startpunkt für ein Leben mit mehr Mut und Zuversicht. Mut und Zuversicht entstehen, wenn du erkennst: Aufgrund von Jesu reinigendem Blut musst du dich nicht vor Gott verstecken (aus Angst, dass Gott es wegen deiner Sünden auf dich abgesehen hat). Du kannst mutig in die allerheiligste Gegenwart Gottes kommen – mit einem Herzen, das ihm völlig vertraut, und mit einem Gewissen, das frei ist von Schuldgefühlen und Verdammnis. Das ist der neue und lebendige Weg, auf dem du gemäß Gottes Willen leben darfst. Ein Weg, auf dem du jederzeit zuversichtlich zu seinem Thron der Gnade kommen kannst, um seine Barmherzigkeit, Gunst, Hilfe, Segnungen und sein Leben zu empfangen!

16. **Nimm dir einen Moment Zeit, um dem Vater für das ewigwirksame Blut Jesu zu danken, das dir die Gewissheit gibt, dass du stets zuversichtlich zu seinem Thron der Gnade kommen kannst, um von ihm Stärke, Hilfe und Weisheit zu empfangen. Wenn dir ein Lebensbereich zu schaffen macht, dir Schwierigkeiten bereitet oder dich in der Niederlage festhält, sprich jetzt mit deinem Vater – denn du weißt, dass du dich weder vor ihm verstecken noch Angst haben musst, dass er es deswegen auf dich abgesehen hat.**

SCHLÜSSEL NR. 2

SCHAFFE EINE GRUNDLAGE FÜR BLEIBENDE DURCHBRÜCHE

KAPITEL 6

WARUM SOLLTEN WIR GNADE PREDIGEN?

Die Revolution der Gnade wurde geschrieben, um dir zu helfen, eine feste Grundlage für bleibende Durchbrüche zu schaffen. Egal mit welcher Niederlage du gerade zu kämpfen hast, verankere dich in Gottes Gnade, indem du aus seinem Wort das Evangelium der Gnade empfängst und verstehst. Stütze dein Verständnis von Gottes Herz dir gegenüber nicht auf Hörensagen oder auf die Meinung von Menschen. Stütze es auf die unerschütterliche und ewige Grundlage seines Wortes.

1. **Zu welchen Ergebnissen würde es laut der Aussage unseres Herrn Jesus in Lukas 4,18–19 führen, wenn das wahre Evangelium gepredigt wird?**

Lass diese grundlegende Bibelstelle tief in dein Herz sinken: »Denn das Gesetz wurde durch Mose gegeben; Gottes Gnade und Wahrheit aber kamen durch Jesus Christus« (Joh 1,17 NLB). Das Gesetz, das durch Mose gegeben wurde, bezieht sich auf den Bund am Berg Sinai, der zwischen Gott und Israel geschlossen wurde. Unser Bund ist der neue Bund der Gnade und Wahrheit, der durch Gottes eigenen Sohn am Kreuz *kam*.

2. **Was musst du dir über »Gnade und Wahrheit« im Gegensatz zum Gesetz bewusst machen?**

3. **Warum ist es so wichtig, den Unterschied zwischen dem Gesetz und der Gnade zu kennen?**

4. **Jesus sagte zu der beim Ehebruch ertappten Frau: »So verurteile ich dich auch nicht. Geh hin und sündige nicht mehr« (Joh 8,11). Inwiefern zeigt das, dass Gnade und Wahrheit als zusammengesetztes Ganzes wirken?**

Obwohl Römer 6,14 aussagt, dass die Sünde nicht über uns herrschen wird, landen viele aufrichtige Gläubige noch immer in der Falle eines Kreislaufs von Sünde, Niederlage und Verdammnis. Auf den Seiten 118–120 findest du eine praxisnahe Erläuterung davon, wie eine Schwäche sich schnell zu einer Sucht entwickelt, die eine Person in Schuld und Selbstverdammung gefangen hält, wodurch das Problem lediglich aufrechterhalten wird. Durch das Diagramm *Kreislauf der Niederlage* kannst du erkennen, dass derjenige, der unter ständiger Schuld und Verdammnis ist, keine Kraft hat, Versuchung zu überwinden. Schlussendlich wiederholt er seine Sünden und führt ein leidvolles Leben in einem Kreislauf der Niederlage.

Jetzt sieh dir das Diagramm *Kreislauf des Sieges* auf Seite 122 an und beachte, wie das Bewusstsein der Gerechtigkeit einen Gläubigen (der sich in der gleichen Lage befindet) in ein Leben hineinbefördert, das zunehmend frei von Niederlage geführt wird.

5. **Vielleicht kannst du dich mit einem Gläubigen identifizieren, der einen Kreislauf der Niederlage durchlebt. Was lernst du darüber, wie man aus diesem Kreislauf aussteigt und in den Kreislauf des Sieges einsteigt?**

6. **Welchen ersten Schritt sollten wir machen, um von einem Ort, an dem wir wie der Apostel Paulus klagen: »Wenn ich Gutes tun will, tue ich es nicht. Und wenn ich versuche, das**

Böse zu vermeiden, tue ich es doch … Was bin ich doch für ein elender Mensch!« (Röm 7,19.24 NLB), zu einem Ort bleibenden Sieges zu kommen?

Wenn also die nächste Versuchung kommt, glaube und sage wie der Apostel Paulus (mitten in der Versuchung) von Herzen: »So gibt es nun keine Verdammnis für die, die in Christus Jesus sind« (Röm 8,1 LUT). Anstatt zu glauben, dass du als Christ ein Versager bist und dass Gott zornig auf dich ist, fang an zu glauben und erkläre mutig: »Ich *bin* die Gerechtigkeit Gottes in Christus Jesus! Weil ich in Christus Jesus bin, gibt es *keine* Verdammnis für mich! Die Gemeinschaft mit meinem himmlischen Vater ist *nicht* zerbrochen und ich bin *immer noch* sein geliebtes Kind – höchst begünstigt und innig von ihm geliebt –, und das alles dank des vollbrachten Werkes Jesu!«

7. **Warum ist es so wichtig, zu glauben und auszusprechen, dass du gerecht bist?**

Wie dein Kampf heute auch aussehen mag, es ist diese Offenbarung deiner Vergebung, Gerechtigkeit und Freiheit von Verdammnis in Christus, die dich befreien wird. Das erlebte auch Neil (Seite 123), der von einem vierzig Jahre andauernden Kampf mit einer sexuellen Sucht und aus einem Leben der Angst, Schuldgefühle und Verdammnis befreit wurde.

8. Welche Offenbarung empfing Neil, die sein Leben von dieser Sucht befreite?

9. Was tut Neil, wenn er versucht ist, wieder zu sündigen?

2. Korinther 5,17–21 erklärt: »Darum: Ist jemand in Christus, so ist er eine neue Schöpfung; das Alte ist vergangen; siehe, es ist alles neu geworden! Das alles aber [kommt] von Gott, der uns mit sich selbst versöhnt hat durch Jesus Christus … Denn er hat den, der von keiner Sünde wusste, für uns zur Sünde gemacht, damit wir in ihm [zur] Gerechtigkeit Gottes würden.«

10. Hast du als Gläubiger das Geschenk der Gerechtigkeit, das du in Christus hast, aktiv in Empfang genommen? Inwiefern bewirkt die Offenbarung deiner Gerechtigkeit, der Tatsache, mit Gott ins Reine gebracht worden zu sein, und der Freiheit von Verdammnis in Christus einen Unterschied in deinem Leben?

11. Der Apostel Paulus sagt uns in Römer 1,16, dass das Evangelium der Gnade »Gottes Kraft« freisetzt, damit seine Rettung in dein Leben kommt. Bedeutet das Wort »Rettung« lediglich, vor der Hölle gerettet zu sein und in den Himmel zu kommen?

12. In Römer 1,17 steht: »Denn Gottes Gerechtigkeit wird [im Evangelium] offenbart aus Glauben zu Glauben, wie geschrieben steht: ›Der Gerechte aber wird aus Glauben le-

ben.«« Wodurch ist das Evangelium der Gnade laut diesem Vers so kraftvoll?

13. **»Der Gerechte aber wird aus Glauben leben.« Jetzt weißt du, dass du in Christus Gottes Geschenk, nicht verurteilt zu werden, und sein Geschenk der Gerechtigkeit besitzt. Inwiefern wird dies die Weise verändern, wie du auf die Verdammung und Entmutigung reagierst, die du erlebst, wenn du versagt hast?**

Während du dich in dem Bewusstsein deiner Gerechtigkeit übst, führe Buch darüber, wie deine neue Art zu reagieren bewirkt, dass dein Leben zunehmend siegreich wird.

KAPITEL 7

WÜRDE DAS WAHRE EVANGELIUM BITTE AUFSTEHEN?

Ein Leben, das auf dem Evangelium Jesu Christi gegründet ist, ist unerschütterlich. Wenn du dein Leben auf das Evangelium baust, baust du auf einer festen Grundlage, die dir Stabilität und Gottes Kraft für bleibende Durchbrüche geben wird (siehe Röm 1,16).

Du durchlebst momentan vielleicht eine äußerst schwierige Phase. Möglicherweise brauchst du einen Durchbruch bezüglich Heilung, Versorgung, Beschäftigung oder Beziehungen. Lade den Herrn Jesus in deine Situation ein. Lass ihn an deinem Anliegen teilhaben. Erkenne und glaube, dass der Herr mit dir und für dich ist.

1. **Was sollen wir laut Sprüche 18,10 hinsichtlich unserer Bedürfnisse tun?**

Lerne, diese Verheißung Gottes über deine Situationen auszusprechen: »Keiner Waffe, die gegen dich bereitet wird, soll es gelingen, und jede Zunge, die sich gegen dich erhebt, sollst du im Gericht schuldig sprechen. Das ist das Erbteil der Knechte des HERRN, und ihre Gerechtigkeit kommt von mir, spricht der HERR« (Jes 54,17 LUT).

2. **Meditiere über den letzten Satz dieser kraftvollen Bibelstelle. Was sagt er über deine Gerechtigkeit in Christus aus? Was wird eine Offenbarung hierüber bei dir bewirken?**

3. **Gläubige, die nicht in ihrer gerechten Identität in Christus gegründet sind, sind anfällig für die Waffen des Feindes, wie zum Beispiel Krankheit, Mangel, Schuldgefühle und Angst. Warum ist es so wichtig, dass du dem echten Evangelium zuhörst?**

Die alttestamentliche Schilderung des Auszugs aus Ägypten gibt uns viele Veranschaulichungen, die die Wahrheit untermauern, dass nur die Gnade, die in der Person Jesu Christi zu finden ist, uns in das verheißene Land führen kann.

4. **Mose, der das Gesetz repräsentiert, ist tot (siehe Jos 1,2). Und nur Josua (auf Hebräisch *Jehoschua*), ein Typus für Christus, kann uns in das verheißene Land bringen. Was sagt uns das darüber, wie wir heute Gottes Verheißungen erben?**

5. **Gottes Volk nutzte nicht die eigene Stärke, um die Mauern von Jericho umzustürzen. Die Mauern stürzten durch einen Stoß in die Widderhörner und das laute Geschrei des Volkes ein. Wofür steht das Widderhorn bildlich?**

6. Das Blut der Lämmer, das auf die Türschwellen und Türpfosten der hebräischen Häuser aufgetragen wurde, tat, was die zehn Plagen Moses nicht tun konnten: Es veranlasste den Pharao (ein Typus Satans), das Volk Gottes endlich aus der Gefangenschaft freizugeben. Was versinnbildlicht das Blut der Lämmer?

Nur die Liebe und Gnade unseres Herrn Jesus, der auf Golgatha sein Blut für dich vergoss, können dich befreien und dich aus jeder Knechtschaft erlösen. Das wahre Evangelium, das dir zeigt, dass du durch deinen Glauben an Christi Opfer am Kreuz – und nicht durch deine eigenen Werke – gerechtfertigt wirst, befähigt dich dazu, dich zu befreien und im Leben zu herrschen. Es lässt Zwänge und Süchte abfallen und bringt sie zum Einsturz wie die Mauern Jerichos!

Der Apostel Judas ermahnt uns, »für den ein für alle Mal den Heiligen überlieferten Glauben zu kämpfen« (Jud 1,3 ELB). Wenn du im Neuen Testament das Wort Glaube siehst, bezieht es sich auf die »Rechtfertigung aus Glauben« – darauf, dass man vor Gott ausschließlich aufgrund seines Glaubens an Christus Jesus gerecht gemacht wird. *Das ist der Kern des Evangeliums Jesu Christi.* Darum wird das Evangelium »die gute Nachricht« genannt und das hebt es von allen falschen Evangelien ab. Das ist das Evangelium, für das wir mit aller Ernsthaftigkeit und Entschlossenheit *kämpfen* sollen. Wir sollen für die Wahrheit kämpfen, dass wir aus Glauben gerechtfertigt sind und nicht aus Werken, bis diese Wahrheit tief und fest im eigenen Herzen verwurzelt ist.

7. **Welche Botschaft hören leider viele Gläubige, die fast unmerklich die gute Nachricht der Rechtfertigung aus Glauben durch eine Rechtfertigung aus Werken ersetzt?**

   Kommt dir diese Botschaft bekannt vor? Wie sah deine bisherige Reaktion darauf aus?

Richtig zu leben ist natürlich wichtig, aber der Kern des Evangeliums ist die Rechtfertigung aus Glauben, und nicht das richtige Leben oder gute Werke. Richtig zu leben kommt aus dem richtigen Glauben an das Evangelium.

8. Falls du feststellst, dass du immer noch aus Glauben an deine Werke lebst, um Gott zu gefallen, wie kannst du dich stattdessen an einen Ort begeben, wo du aus Glauben zu *Glauben* lebst, weil du in jedem Moment glaubst, dass du allein durch Christus gerettet und gerechtfertigt bist? Welche dieser beiden Lebensweisen führt deiner Meinung nach zu größerer Vertrautheit mit Gott und zum Sieg?

9. Sally beschreibt in ihrem Zeugnis auf Seite 140, dass ihr Leben sich in dem quälenden Griff der Verdammnis befand, nachdem sie sich Lehren angehört hatte, die eine Mischung aus Verdammung und Gnade enthielten. Welches kraftvolle Wort befreite sie?

10. Welche drastische Veränderung fand in Sallys Leben statt, nachdem sie entdeckte und glaubte, dass sie durch das Blut Christi gerechtfertigt war?

In Römer 10,2–3 (NLB) warnt Paulus vor einem fehlgeleiteten Eifer, der unter seinen jüdischen Geschwistern vorherrschte: »Ich kann bezeugen, mit welcher Hingabe [o. mit welchem Eifer] sie Gott dienen, aber es fehlt ihnen die richtige Erkenntnis. Denn sie haben nicht erkannt, auf welche Weise Gott die Menschen gerecht erklärt. Stattdessen gehen sie ihren eigenen Weg, indem sie versuchen das Gesetz zu halten, um dadurch die Anerkennung Gottes zu gewinnen. Damit lehnen sie den Weg Gottes ab.«

11. Worin liegt die Ironie, wenn Gläubige versuchen, durch das Einhalten von Gottes Gesetz gerecht zu werden?

12. Bevor Paulus in Galater 5 die Frucht des Geistes aufzählt, zu welcher Wahrheit brachte er die Galater in den vorhergehenden Kapiteln zurück?

13. Galater 5,22–23 zählt die Frucht des Geistes wie folgt auf: »Liebe, Freude, Friede, Langmut, Freundlichkeit, Güte, Treue, Sanftmut, Selbstbeherrschung.« Wie entsteht echte Heiligkeit bzw. richtiges Leben gemäß der Frucht des Geistes?

KAPITEL 8

FREIHEIT VON SELBSTVERDAMMUNG

Grausame Worte, die im Ärger gesagt wurden. Ein Vertrauensbruch. Versprechen, die nicht eingehalten wurden. Eine zerstörerische Beziehung, von der du wusstest, dass du sie nicht eingehen solltest.

Kennst du diese dunklen Wege? Es gibt so viele Menschen, die im Schatten von Schuldgefühlen und Verdammnis leben. Fehler der Vergangenheit verfolgen sie und der Weg ist für sie quälend einsam und beschwerlich.

1. **Der gelähmte Mann, der von seinen vier treuen Freunden zu Jesus getragen und durch das Dach zu ihm hinuntergelassen wurde, konnte das möglicherweise ein bisschen nachvollziehen. Als Jesus den Glauben dieser Männer sah, sagte er zu dem Gelähmten: »Sohn, deine Sünden sind dir vergeben!« (Mk 2,5). Der Mann brauchte eindeutig Heilung, was also hatte Vergebung mit seinem Zustand oder seiner Heilung zu tun und was war das Ergebnis?**

2. Welche Hoffnung und Gewissheit bringt dir diese Geschichte, wenn du von einem starken Gefühl der Verdammnis über etwas aus deiner Vergangenheit gelähmt wirst?

Deine hellsten und herrlichsten Tage liegen noch vor dir.

Selbst wenn du die guten Dinge, die Gott für deine Zukunft hat, vielleicht gerade nicht sehen kannst, sagt die Bibel: »Uns aber hat es Gott geoffenbart durch seinen Geist; denn der Geist erforscht alles, auch die Tiefen Gottes … Wir aber haben nicht den Geist der Welt empfangen, sondern den Geist, der aus Gott ist, so dass wir wissen können, was uns von Gott geschenkt ist« (1Kor 2,10.12).

3. Was sind die kostbaren und unbezahlbaren Geschenke, die Gott uns geschenkt hat?

4. Erstaunlicherweise lebt der Heilige Geist nun *in* uns und bleibt *für immer* bei uns. Was hat in unserem Leben stattgefunden, dass sich dies bewahrheiten konnte?

5. In Epheser 1,13–14 heißt es auch, dass wir, als wir an Jesus glaubten, mit dem Heiligen Geist der Verheißung versiegelt wurden. Was bedeutet das?

6. Petes Zeugnis auf Seite 153 spiegelt wider, dass der Heilige Geist in dir mit großer Freude und großem Frieden antwortet, wenn du das reine Evangelium gepredigt hörst. Wie fühlte Pete sich und welche Frucht folgte daraus?

Es ist so entscheidend, dass du an Gottes Liebe zu dir glaubst. Dank seiner überreichen Gnade muss deine Vergangenheit nicht deine Zukunft bestimmen. In Christus hast du ein neues Leben, einen neuen Anfang und eine ungetrübte Zukunft.

Lies auf den Seiten 154–156 das kostbare Zeugnis von Daphne, einer genesenen Alkoholikerin, und sieh, wie es diese Wahrheit widerspiegelt. Fünf Jahre nach ihrer Bekehrung war sie noch immer voller Selbstverdammung und dachte, Jesus sei sehr zornig auf sie und sie müsse versuchen, artig zu sein.

7. **Warum sind Selbstverdammung und dieser falsche Glaube über Gott laut Daphne so verheerend für Alkoholiker (und auf ähnliche Weise für alle Menschen)?**

8. **Was hörte und glaubte Daphne, das Heilung in ihr Leben brachte?**

Verdammnis tötet! Es ist eine gefährliche und bösartige Falle, die dich gefangen hält. Sie frisst dich von innen heraus auf, und du kannst sie nicht einfach durch Willenskraft verschwinden lassen oder dir sagen, dass du deine Fehler und deine schlechten Entscheidungen vergessen solltest. Unsere Sünden erfordern eine Lösung. Der Lohn der Sünde ist der Tod (siehe Röm 6,23). Unser Gewissen erhebt sich gegen uns und fordert Strafe für unsere Sünden ein.

9. **Was ist die *einzige* Lösung, die ein schuldbewusstes Gewissen zufriedenstellen wird?**

Echte Freiheit ist nur möglich, wenn du das Richtige darüber glaubst, was der göttliche Austausch am Kreuz von Golgatha für dich bewirkt hat.

Die Kraft des vollbrachten Werks Jesu am Kreuz zu begreifen und zu erkennen, dass du – aus Glauben – vollkommen gerechtfertigt bist, ist die einzige Grundlage für bleibende Durchbrüche und echte Verwandlung, die von innen heraus geschieht. Du kannst selbst beurteilen, wie tief dein Verständnis von dem ist, was Jesus am Kreuz für dich vollbracht hat, wenn du dir anschaust, wie frei du heute in Christus bist. Hast du ständig mit Gedanken der Angst, des Zweifels, der Schuld und der Verdammnis zu kämpfen? Bist du anhaltend in eine sündige Angewohnheit oder Sucht verstrickt?

10. **Was bringt echten Sieg über die Sünde und eine dauerhafte Überwindung von Ängsten, Süchten und Zwängen hervor?**

11. **Welcher Zusammenhang besteht zwischen einer festen Verankerung im Evangelium der Gnade und einem gottesfürchtigen, heiligen und herrlichen Leben?**

12. **Wahre Gnade bringt die Kraft hervor, nicht mehr zu sündigen, aber das ist noch nicht alles. Sie bringt auch gute Werke hervor. Woran sieht man das in Daphnes Leben?**

In Jakobus 2,24 steht: »So seht ihr nun, dass der Mensch durch Werke gerechtfertigt wird und nicht durch den Glauben allein.« Manche Gläubige lesen das und verfallen zurück in den Versuch, durch Werke gerechtfertigt zu werden. Sie erkennen nicht, dass Jakobus sich hier auf die *Rechtfertigung vor Menschen* bezieht, und nicht auf unsere Rechtfertigung vor Gott. Jesus sagte: »So soll euer Licht leuchten *vor den Leuten*, dass sie eure guten Werke sehen und euren Vater im Himmel preisen« (Mt 5,16). Wer sieht deine guten Werke? Menschen. Jakobus sagte: »Angenommen, ein Bruder oder eine Schwester haben nicht genügend anzuziehen, und es fehlt ihnen an dem, was sie täglich zum Essen brauchen. Wenn nun jemand von euch zu ihnen sagt: ›Ich wünsche euch alles Gute! Hoffentlich bekommt ihr warme Kleider und könnt euch satt essen!‹, aber ihr gebt ihnen nicht, was sie zum Leben brauchen – was nützt ihnen das? Genauso ist es mit dem Glauben: Wenn er keine Taten vorzuweisen hat, ist er tot; er ist tot, weil er ohne Auswirkungen bleibt« (Jak 2,15–17 NGÜ). Fällt dir auf, dass das gute Werk, einem Bedürftigen zu geben, vor Menschen und für Menschen getan wird?

13. Inwiefern rechtfertigen unsere Werke uns vor anderen Menschen?

14. Viele Gemeinden setzen neue Gläubige derart unter Druck, sofort gute Werke hervorzubringen, dass diese neuen Gläubigen, wenn sie den Erwartungen nicht gerecht werden, in Selbstverdammung geraten. Warum ist es wichtig, mit neuen Gläubigen geduldig zu sein?

15. Was musst du wissen und was solltest du tun, wenn du Fehler gemacht und schlechte Entscheidungen getroffen hast und von deinem Scheitern entmutigt bist oder das Gefühl hast, dass Gott von dir enttäuscht ist?

KAPITEL 9

ERLEBE FREIHEIT VON ANGST

Angst ist eine zermürbende Fessel. Angst lähmt dich und hält dich davon ab, die wunderbare Bestimmung zu erfüllen, die Gott für dich hat. Angst bringt dich dazu, dich unzulänglich und unsicher zu fühlen, und verursacht ungesunde Nebenwirkungen, von Panikattacken bis Schlafstörungen. Angst ist irrational. Angst ist ein geistlicher Zustand, weshalb du Angst nicht wegdiskutieren kannst. Du kannst jemandem, der mit Angst kämpft und von Panikattacken geplagt wird, nicht sagen, er solle einfach nicht mehr furchtsam sein. Ein geistlicher Zustand kann nicht auf natürliche Weise behoben werden. Angst kann nur durch eine persönliche Begegnung mit der Person Jesu ausgerottet werden.

Wenn Angst dir allzu bekannt vorkommt, darfst du Folgendes wissen: Dein himmlischer Vater wünscht sich nicht, dass du ein von Angst geplagtes Leben führst.

1. **Welche wundervolle Verheißung wird uns in 1. Johannes 4,18 gegeben?**

2. Johannes 3,16 sagt uns: »Denn so [sehr] hat Gott die Welt geliebt, dass er seinen eingeborenen Sohn gab, damit jeder, der an ihn glaubt, nicht verlorengeht, sondern ewiges Leben hat.« Nimm dir einen Moment lang Zeit, um über diesen Vers nachzusinnen. Was sagen die Worte »so [sehr] geliebt« über die Intensität von Gottes Liebe zu dir aus? Wie hat er seine Liebe zu dir gezeigt? Welches Gefühl gibt dir das?

Wie wir Gott sehen, ist wichtig, denn eine fehlerhafte Wahrnehmung von Gott kann dazu führen, dass aufrichtige Menschen ihr Leben lang eine ungesunde Furcht vor ihm haben. Viele Leute haben einen falschen Eindruck von Gott, weil Menschen ihn seit Generationen als hart, zornig, gefühllos und verdammend dargestellt haben; als jemanden, der nur darauf wartet, dass Menschen einen Fehler machen. Wenn sie glauben, dass Gott gegen sie ist und darauf aus, sie zu bestrafen, leben sie in Angst vor ihm und es ist ihnen unmöglich, aus ihren Sünden, Süchten, Befürchtungen und Ängsten auszubrechen.

3. **Wie wurde Gott dir gegenüber dargestellt? Welchen Einfluss hat deine bisherige Wahrnehmung von Gott auf dein Leben gehabt?**

Die Bibel offenbart dir Gottes wahres Wesen. 1. Johannes 4,8 erklärt: »Gott ist Liebe.« Psalm 86,15 sagt: »Du aber, Herr, bist ein barmherziger und gnädiger Gott, langsam zum Zorn und von großer Gnade und Treue.« Daniel 9,9 bekundet: »Aber bei dem Herrn, unserem Gott, ist Barmherzigkeit und Vergebung.« Psalm 25,6 (LUT) besagt: »Gedenke, HERR, an deine Barmherzigkeit und an deine Güte, die von Ewigkeit her gewesen sind.«

4. **Das ist unser Gott in Überstimmung mit dem Heiligen Wort! Liste seine Eigenschaften auf und nimm dir einen Moment Zeit, um ihm zu danken, dass er dir gegenüber – immer und unveränderlich – all dies ist.**

Um das wahre Wesen Gottes noch besser zu verstehen, sieh dir einfach Jesus an. Er sagte: »Wer mich gesehen hat, der hat den Vater gesehen … Die Worte, die ich zu euch rede, rede ich nicht aus mir selbst; und der Vater, der in mir wohnt, der tut die Werke« (Joh 14,9–10).

5. **Wie sprach Jesus in den Evangelien mit den Sündern und den aus der Gesellschaft Ausgestoßenen und wie behandelte er sie? Und wie sprach er mit jenen, die selbstgerecht waren und sich seiner Gnade widersetzten?**

6. **Diejenigen, die Jesus hassten, nannten ihn einen »Freund der Sünder«, um damit seine Integrität zu verunglimpfen (siehe Mt 11,19). Inwiefern ist diese abwertende Bezeichnung eigentlich ein wunderschönes Bild seiner Gnade?**

Sünder fanden Hoffnung, Freude und Freiheit in Jesus. Er hieß ihre Sünden nie gut, aber die Menschen selbst wies er nie ab. Er zeigte ihnen seine Gnade und seine Gnade verwandelte sie und brachte sie aus einem Leben in Sünde in ein Leben in Heiligkeit.

7. **Jesus freundete sich mit dem korrupten Zöllner Zachäus an. Inwiefern zeigt das sowohl Jesu Liebe für Sünder als auch die Kraft der Gnade, die ein Menschenleben von innen heraus verändert?**

Gnade bewirkt echte Heiligkeit.

Zachäus wurde durch Gnade verwandelt. Rechtfertigung aus Glauben erzeugt Hoffnung, Frieden und Freude und ein Herz für Jesus, das gute Frucht hervorbringt. Der reiche junge Mann hingegen, der zu Jesus kam und sagte: »Guter Lehrer, was muss ich getan haben, um ewiges Leben zu erben«, wollte durch seine Werke gerechtfertigt werden (Lk 18,18 ELB).

8. **Dieser reiche junge Mann glaubte, dass er Gottes Gesetze einhalten könne und sie auch eingehalten habe. Warum gab Jesus ihm noch mehr vom Gesetz und wozu führte das?**

9. Das Gesetz *fordert*, die Gnade *gibt*. Was ist oft die Folge, wenn man unter das Gesetz kommt und sich dessen Forderungen bewusst wird? Inwiefern unterscheidet sich das Ergebnis, wenn du im Gegenzug unter die Gnade kommst und glaubst, dass Gott in jeder Herausforderung in dir und für dich wirken wird?

10. Leider wird, wie schon dem reichen jungen Mann, vielen Gläubigen nach ihrer Bekehrung beigebracht, dass sie vor Gott nur durch ihre Werke gerechtfertigt werden können, was sie dann auch glauben. Da kein Mensch die Anforderungen des Gesetzes erfüllen und daraus gerechtfertigt werden kann, führt das unbewusst zu Angst. Inwiefern beraubt die Angst sie ihrer Lebensfreude?

Wenn diese Beschreibung auch auf dich zutrifft, wie hat das, was du in diesem Kapitel gelernt hast, dein Denken über Verdammnis und Gottes Strafe verändert?

Höre den Herzschlag deines Vaters in den Worten Jesu: »Gott sandte seinen Sohn nicht in die Welt, um sie zu verurteilen, sondern um sie durch seinen Sohn zu retten. Wer an ihn glaubt, wird nicht verurteilt« (Joh 3,17–18 NLB).

Sieh dir an, wie der Apostel Paulus die Zehn Gebote in 2. Korinther 3,7–9 beschreibt: »Wenn aber der Dienst des Todes durch in Stein gegrabene Buchstaben von solcher Herrlichkeit war …, wie sollte dann nicht der Dienst des Geistes von weit größerer Herrlichkeit sein? Denn wenn der Dienst der Verdammnis Herrlichkeit hatte, wie viel mehr wird der Dienst der Gerechtigkeit von Herrlichkeit überfließen!«

11. **Inwiefern bringen die Zehn Gebote den Tod und bewirken Angst in einem Gläubigen, der sich dafür entscheidet, unter dem mosaischen Gesetz zu leben? Was hingegen bewirkt der Bund der Gnade, wodurch ein Gläubiger von Angst befreit wird?**

12. Wir sollten uns über eins im Klaren sein: Die Zehn Gebote sind herrlich! Das Problem war immer die unvollkommene Fähigkeit des Menschen, Gottes vollkommenes Gesetz zu halten. Was tat unser Herr Jesus am Kreuz stellvertretend für uns mit den Forderungen, die das Gesetz an uns stellte (siehe Mt 5,17)? Warum hat er es getan?

13. Wir befinden uns im Zeitalter der herrlichen Gnade Gottes. Wodurch wirst du befreit, wenn du erkennst, dass Gott dich durch deinen Glauben an Christus, und nicht durch deine Werke, als gerecht ansieht?

Durch das Opfer von Gottes Sohn und die Vollkommenheit des vollbrachten Werks Christi hat er dir einen Weg bereitet, ein Leben frei von der Gefangenschaft der Angst zu führen.

Keine Erörterung zum Thema Angst wäre vollständig, ohne die Angst aller Ängste anzusprechen, welche die Angst vor dem Tod ist. Hebräer 2,14–15 (NLB) beschreibt dies detailliert: »Da Gottes Kinder Menschen aus Fleisch und Blut sind, wurde auch Jesus als Mensch geboren. Denn nur so konnte er durch seinen Tod die Macht des Teufels brechen, der Macht über den Tod hatte. Nur so konnte er die befreien, die ihr Leben lang Sklaven ihrer Angst vor dem Tod waren.«

14. **Warum kommen Gläubige immer noch unter die Angst vor dem Tod, obwohl Gott eindeutig die Befreiung davon zugesagt hat?**

Kommt dir dieser Kampf bekannt vor? Wie kannst du in diesem Bereich aktiv Gottes Gnade empfangen?

15. **Welche gute Nachricht verkündet Hebräer 2,14–15?**

Du kannst ohne den geringsten Zweifel wissen, dass Jesus dich durch seinen Tod am Kreuz von der Angst des Todes befreit hat und damit auch von jeder Gefangenschaft, in der du dich vielleicht gerade befindest.

16. Wie beschreibt Ursula in ihrem Zeugnis auf den Seiten 186–188, wie sie Freiheit von allen ihren Ängsten, einschließlich ihrer lähmenden Angst vor dem Tod fand?

Weil du an Jesus glaubst, verkündet Gottes Wort triumphierend: »Christus erkaufte unsere Freiheit [indem er uns erlöste] von dem Fluch (dem Verderben) des Gesetzes [und seiner Verdammnis], indem er [selbst] ein Fluch für uns wurde, denn es steht geschrieben [in der Schrift]: Verflucht ist jeder, der am Holz hängt (gekreuzigt ist)« (Gal 3,13 AMP). Du bist erlöst worden!

17. Nimm dir etwas Zeit, um dir dieses Kapitel nochmals anzusehen und darüber nachzudenken, inwiefern die befreienden Wahrheiten des Wortes Gottes dir persönlich gelten. Was hat der Herr zu deinem Herzen gesprochen über seine vollkommene Liebe zu dir und über die innige Beziehung, die er sich mit dir wünscht?

KAPITEL 10

HERRLICHE GNADE

Das Wort Gottes sagt uns: »Erwache zur Gerechtigkeit und sündige nicht« (1Kor 15,34 KJV). Die Revolution der Gnade ist ein großes Erwachen zur Gerechtigkeit. Wenn Menschen das wahre Evangelium hören, das ihnen mitteilt, wie gerecht das vollbrachte Werk Jesu sie tatsächlich gemacht hat, fangen sie an zu begreifen, wie geliebt, wertgeschätzt und kostbar sie in Christus sind. Ab diesem Zeitpunkt fangen sie an zu verstehen, dass sie nicht ein Leben der Niederlage, voller Angst oder Misserfolge oder gefangen in Süchten führen müssen. Anstatt im Spiegel einen nichtsnutzigen Menschen zu sehen, sehen sie ein höchst begünstigtes, überreich gesegnetes und innig geliebtes Kind des höchsten Gottes.

1. **In seinem Zeugnis erzählt Kirk (Seite 191–194) davon, dass er, je mehr er versuchte, das Richtige zu tun, umso mehr scheiterte, und dass er glaubte, er könne wegen seiner Schwächen und seines Versagens Gottes Flüchen und dem Feuer der Hölle niemals entkommen. Obwohl er regelmäßig am Gottesdienst und an einem Bibelkreis teilnahm, wurde er von Angst gequält und fragte sich, ob er es in den Himmel schaf-**

fen würde. Was hörte er, das zur Wende und seiner Wiederherstellung führte?

2. **Was passierte, als Kirk sich vollständig der Kraft der Gnade Gottes hingab und Ja zu Jesus sagte?**

3. **Früher wurde Kirk von Schwächen, Hoffnungslosigkeit und Süchten niedergedrückt. Was hilft ihm dabei, sein Leben heute voller Mut zu führen?**

»Erwache zur Gerechtigkeit« und erkenne, wie bedingungslos und unwiderruflich du von Gott geliebt wirst.

Während Gott die herrliche Wahrheit des Evangeliums der Gnade wieder in den Leib Christi bringt, bringt auch der Feind eine Gnade, nämlich eine gefälschte Gnade hervor, mit der er versucht, Menschen zu verwirren und sie der wahren Gnade Gottes gegenüber misstrauisch zu machen. Sei aber nicht entmutigt oder ängstlich, dass du vielleicht von gefälschter Gnade in die Irre geführt wirst. Sei einfach kundig in Gottes Wort und lerne zu unterscheiden, was biblisch ist, indem du Gottes Wort selbst liest. Baue ein festes Fundament auf dem wahren Evangelium der Gnade.

4. **Wie findest du am einfachsten heraus, ob das, was du hörst, das Evangelium der Gnade ist?**

5. **Warum ist die sogenannte »Allversöhnungslehre«, die behauptet, dass am Ende *jeder* gerettet sein wird, eine Irrlehre?**

6. **Manche »Lehrer« verbreiten auch den Irrtum, dass Gläubige, weil sie unter der Gnade sind, keine Zurechtweisung von Gott erfahren. Das ist eine komplette Lüge. Wie weist Gott seine Kinder unter dem neuen Bund der Gnade zurecht und warum ist es so wichtig, dass du Teil einer Ortsgemeinde mit guten Leitern bist?**

Unter dem neuen Bund der Gnade weist Gott seine Kinder *nicht* mittels Unfällen, vorzeitigem Tod, Krankheiten und körperlichen Leiden zurecht.

7. **Der Apostel Paulus wies diejenigen in der Gemeinde in Korinth, die sich in Sünde und sexuelle Unzucht verstrickt hatten, zurecht, indem er sie fragte: »Wisst ihr nicht, dass eure Leiber Glieder Christi sind?« (siehe 1Kor 6,15–20). Woran erinnerte er sie?**

Wir empfangen Gottes Zurechtweisung, indem wir an unsere gerechte Identität in Christus erinnert werden, was uns die Kraft gibt, Sünde zu überwinden und durch den Überfluss der Gnade und das Geschenk der Gerechtigkeit in jedem Bereich zu herrschen. Wir sind mit einem Preis erkauft worden, einem hohen Preis am Kreuz, und sind nun dazu berufen, zur Ehre unseres Herrn Jesus zu leben. Die *Gnade* ist die Kraft, zu gehen und nicht mehr zu sündigen (siehe Joh 8,11)!

8. Woraus entsteht laut 1. Johannes 4,19 die Kraft, zu lieben und ein heiliges Leben zu führen?

Heiligkeit ist eine Frucht der Gnade Gottes. Erlebe und schmecke zuerst die Gnade Gottes, und seine Liebe wird dich mit Sicherheit dazu bringen, ein heiliges Leben zu führen!

Das Christentum dreht sich ganz um Gottes Liebe zu dir. Es ist seine Liebe zu dir und in dir, die zu innerer Herzensveränderung führt. Der christliche Glaube ist keine Religion, er ist eine Beziehung. Beim Christentum geht es nicht um eine Liste von Dingen, die du zu tun oder zu lassen hast; es geht um innige Nähe, Liebe und ein warmes, lebendiges Herz.

9. Gottes Wort sagt: »Aus ihm aber kommt es, dass ihr in Christus Jesus seid, der uns geworden ist Weisheit von Gott und Gerechtigkeit und Heiligkeit und Erlösung« (1Kor 1,30 ELB). Jesus selbst ist deine Weisheit, deine Gerechtigkeit und auch deine Heiligkeit! Da wir unsere Heiligkeit oder auch Heiligung in der Person Jesu finden, was sollten wir tun, wenn wir versucht sind, zu sündigen?

10. Manche Menschen glauben, dass man zur Versuchung einfach nur Nein sagen muss. Doch deine Willenskraft ist der Sünde nicht gewachsen. Die Wahrheit ist, dass es umso schlimmer wird, je mehr du aus eigener Kraft versuchst, Nein zu sagen. Wie beschreibt der Apostel Paulus in Römer 7,19 seine eigene Erfahrung damit?

11. Paulus findet seine Lösung für den Sieg über die Sünde und über seinen innerlichen Kampf darin, Ja zu einer *Person* zu sagen. In Römer 7,24–25 (NLB) sagt er: »Was bin ich doch für ein elender Mensch! Wer wird mich von diesem Leben befreien, das von der Sünde beherrscht wird? Gott sei Dank: Jesus Christus, unser Herr!« Was bedeutet es, JA zu Jesus zu sagen?

Bei Heiligkeit dreht sich alles darum, Jesus immer ähnlicher zu werden, und das geschieht, wenn der Schleier des Gesetzes weggenommen wird (siehe 2Kor 3,14.18). Wenn der Schleier entfernt ist, sehen wir unseren wunderbaren Retter von Angesicht zu Angesicht, und seine herrliche Gnade verwandelt uns von Herrlichkeit zu Herrlichkeit. Indem wir Jesus anschauen, bringt das Evangelium der herrlichen Gnade immer herrliches Leben hervor.

SCHLÜSSEL NR. 3

WERTSCHÄTZE DIE PERSON JESU

KAPITEL 11

WACHSE IN DER GNADE, INDEM DU JESUS HÖRST

Die am Anfang des Kapitels erzählte Geschichte über den liebenden Vater, den geliebten Sohn und den jungen Mann, der gerettet wurde, weil der Sohn sich für ihn opferte, ist ein wunderschönes Bild für das herrliche Evangelium. Ähnlich wie der Vater in der Geschichte sucht Gott Menschen, die seinen Sohn zu schätzen und zu würdigen wissen. Wer den Sohn empfängt, empfängt alle Segnungen Gottes. Wer seinen Sohn zu schätzen weiß, dem gibt Gott alles Gute, was er hat. Und wie schätzen wir seinen Sohn? Im Wesentlichen geschieht dies, indem wir uns die Zeit nehmen, auf ihn zu hören. Höre seine Worte der Gnade an uns und höre, was er durch sein Opfer am Kreuz für uns getan hat.

1. **Was sagt Gott uns laut Psalm 85,9 zu?**

2. **Wie kannst du eine Zunahme dieser *Schalom*-Segnungen in deinem Körper, deiner Familie, deinem Beruf und Dienst erleben?**

Der Schwerpunkt dieses Kapitels liegt hauptsächlich auf den Berichten über das Geschehnis auf dem Berg der Verklärung, die wir im Matthäus- und Lukasevangelium finden. Dort sehen wir, dass unser Herr Jesus seine Jünger Petrus, Jakobus und Johannes mit auf einen hohen Berg nahm, um zu beten. Die Bibel sagt uns: »Während er betete, veränderte sich das Aussehen seines Gesichts, und seine Kleider wurden strahlend weiß« (Lk 9,29 NLB). Dann erschienen zwei der berühmtesten Figuren des jüdischen Glaubens, Mose und Elia, und fingen an, mit Jesus zu reden. Stell dir vor, wie schockiert und eingeschüchtert die Jünger gewesen sein müssen, als sie sahen, wie diese zwei großen Männer – von denen der eine das Gesetz und der andere die Propheten repräsentierte – in Herrlichkeit bei Jesus auftauchten!

3. **Was wusste Petrus nicht, als er herausplatzte: »Meister, es ist gut, dass wir hier sind; so lass uns drei Hütten bauen, dir eine, Mose eine und Elia eine!« (Lk 9,33)?**

Während Petrus noch redete, überschattete sie die strahlende Wolke der *Schekinah*-Herrlichkeit, und aus der Wolke kam die Stimme des Vaters, der sagte: »Dies ist mein geliebter Sohn; den sollt ihr hören!« (Lk 9,35 SLT/LUT). Als die Jünger das hörten, fielen sie mit dem Gesicht zu Boden und fürchteten sich verständlicherweise sehr.

4. **Die ersten Worte, die Jesus an seine völlig verängstigten Jünger richtete, waren: »Steht auf und fürchtet euch nicht!« Was ist so wunderschön an diesen Worten und inwiefern spiegeln sie das Wesen unseres Herrn wider?**

5. **Der Vater sagte: »Hört *ihn*«, und nicht: »Hört *sie*« – in Bezug auf Mose, den Gesetzgeber, und Elia, der nicht nur ein Prophet des Alten Testaments war, sondern auch der Gesetzeswiederhersteller (als Israel im Alten Testament anderen Göttern hinterherlief, trat Elia dem Volk als der Wiederhersteller des Gesetzes gegenüber). Welche Botschaft sollten wir dem als Gläubige entnehmen?**

Stelle Jesus – die Gnade – nie mit dem Gesetz Moses auf eine Stufe. Der Apostel Paulus sagte: »Jetzt aber ist ohne Gesetz Gottes Gerechtigkeit offenbart worden, bezeugt durch das Gesetz und die Propheten: Gottes Gerechtigkeit aber durch Glauben an Jesus Christus für alle, die glauben« (Röm 3,21–22 ELB). Die Offenbarung der Gerechtigkeit Gottes, die dir ohne das Gesetz als ein Geschenk gegeben wurde, kam durch den Sohn. Darum: »Höre IHN.«

Womit auch immer du dich in deinem Leben konfrontiert siehst, nimm dir heute Zeit, Jesus zu hören.

6. **Wenn du dir Sorgen über Symptome in deinem Körper machst, was musst du immer und immer wieder hören?**

7. **Wenn du Angst hast vor den Nöten und Anforderungen der Zukunft, was musst du immer und immer wieder hören?**

8. **Wenn du den brennenden Schmerz eines Verrats erlebt hast, wenn dich Worte dir nahestehender Menschen verletzt haben oder wenn du schlicht und einfach entmutigt bist, was musst du immer und immer wieder hören?**

Um wirklich in der Gnade zu wachsen und ihre Frucht in unserem Leben zu sehen, müssen wir immer wieder den Sohn und seine Worte der Gnade hören, denn es ist so leicht, wieder in ein Bewusstsein des Gesetzes oder dessen Forderungen zu rutschen, anstatt sich der Gnade oder Versorgung bewusst zu sein. Hör heute auf ihn. Höre seine Worte der Gnade!

9. **Als die Einnehmer der Tempelsteuer zu Petrus kamen und fragten, ob Jesus die Tempelsteuer nicht bezahle, erwiderte er sofort: »Doch!« (siehe Mt 17,24–27). Anstatt auf Jesus zu hören, auf wen hörte Petrus?**

10. Als Jakobus und Johannes, die bei der Verklärung ebenfalls anwesend gewesen waren, sahen, dass die Samariter Jesus ablehnten, sagten sie: »Herr, willst du, dass wir sprechen, dass Feuer vom Himmel herabfallen und sie verzehren soll, wie es auch Elia getan hat?« (Lk 9,54). Auf wen hörten sie und was antwortete Jesus darauf?

Heute kämpfen viele noch immer für die Stimmen Moses und Elias – das Gesetz und die Propheten –, weil sie nicht umfassend verstehen, dass es im neuen Bund darum geht, allein die Stimme des auferstandenen Sohnes Gottes zu hören. Am Kreuz genügte er an unserer Stelle allen gerechten Anforderungen des Gesetzes und nahm das gesamte feurige Gericht Gottes für unsere Sünden auf sich. Sein vollkommenes Opfer hat Gott völlig zufriedengestellt und das Gesetz und die Propheten zum Schweigen gebracht. Heute hören wir *ihn*!

11. Warum will der Vater, dass wir nur den Herrn Jesus hören? Warum sollen wir Jesus in den Mittelpunkt stellen und in der Erkenntnis seiner Gnade wachsen?

Wenn du dir die Bibel ansiehst, wirst du feststellen, dass, obwohl Mose und Elia gewaltige Heldentaten vollbrachten, beide Männer Gottes am Ende dennoch versagten. Gegen Ende seines Lebens schlug Mose den Felsen im Ungehorsam zweimal, schrie das Volk an, redete unklug im Zorn und in Ungeduld, was damit endete, dass er das verheißene Land nicht betreten durfte. Und Elias Dienst endete in Depression und Entmutigung (siehe 1Kö 19).

12. **Das Gesetz und die Propheten versagten, doch was sagt uns im Vergleich dazu die wunderbare Prophetie des Messias in Jesaja 42,1.3–4 (NKJV)?**

13. **Der Vater sagte: »Dies ist mein geliebter Sohn; ihn sollst du hören!« Hörst du ihn heute? Was glaubst du sagt Jesus zu dir, während du dieses Kapitel durchgehst?**

Erlaube seinen Worten der Gnade, tief in dein Herz zu dringen, und du wirst gar nicht anders können, als von innen heraus verwandelt zu werden und in dauerhaften Durchbrüchen und in Freiheit zu leben.

KAPITEL 12

EINE BEZIEHUNGS-REVOLUTION

Bei der Revolution der Gnade dreht sich alles um Jesus. Es ist eine Revolution der wunderbaren Liebe Gottes, der Gunst, der Wiederherstellung und der Erneuerung von Menschenleben, die durch eine kraftvolle Begegnung mit unserem Herrn Jesus verwandelt wurden. Was unser geliebter Herr Jesus auf Golgatha vollbrachte, änderte alles von Grund auf. Das Kreuz beendete den alten Bund und setzte den neuen Bund der Gnade in Gang.

Der alte Bund des Gesetzes drehte sich um Regeln, Religion und Vorschriften. Beim neuen Bund der Gnade geht alles um Beziehung. Der alte Bund des Gesetzes schuf eine Trennung zwischen Gott und seinem Volk; der neue Bund der Gnade bringt innige Nähe zwischen Gott und seinen Kindern. Um den Unterschied zu verstehen, sieh dir an, was wirklich passierte, als das Gesetz am Berg Sinai gegeben wurde.

1. **Schon bevor Gottes Volk die Zehn Gebote gehört hatte, verkündete es: »Alles, was der Herr gesagt hat, das wollen wir tun!« (2Mo 19,8). Was spiegelt die Aussage des Volkes wider?**

2. **Welche Warnung gab Gott dem Volk am Fuß des Bergs Sinai?**

3. **Der Ort, an dem die Zehn Gebote übergeben wurden, und die Umstände, die das Geschehen begleiteten, waren erschreckend und furchterregend. Wie reagierte Gottes Volk darauf?**

Der alte Bund des Gesetzes war beziehungslos. Es war ein Bund des Abstands und der Trennung von Gott. Das Volk war von Furcht ergriffen und wollte nicht, dass Gott zu ihm sprach. Das war und ist immer noch die Folge des Gesetzes.

Wenn wir uns an die Ansicht klammern, dass wir durch unser Einhalten der Zehn Gebote gerecht gemacht werden können, stellen wir uns an den Fuß des Bergs Sinai. Am Ende werden wir uns vor Gott fürchten, uns seines Zorns bewusst sein und keine innige Beziehung mit ihm haben können. Es verleugnet auch, was das Opfer unseres Herrn Jesus auf Golgatha vollbracht hat, um uns mit Gott zu versöhnen und uns vor ihm gerecht zu machen, und zeigt, dass wir sein Opfer nicht wertschätzen oder es nicht verstehen.

4. **Vor welcher Gefahr warnt der Apostel Paulus uns in Galater 5,4 (NLB)?**

5. **Gott ist auf einen anderen Berg gezogen. Er ist nicht mehr auf dem Berg Sinai, sondern ist auf den Berg Zion gezogen. Was ist der Unterschied zwischen diesen beiden Bergen?**

6. **Psalm 132,13–16 berichtet uns, dass es Gottes Wunsch war, Zion zu seinem Wohnort zu machen. Dort segnet er reichlich, kleidet Menschen mit Heil und dort sind die Heiligen fröhlich. Was verspricht Psalm 125,1? Was bedeutet das für dich?**

7. **Hebräer 12,18.22–23 sagt uns, dass wir gekommen sind »zu dem Berg Zion … zu Gott, dem Richter über alle, und zu den Geistern der vollendeten Gerechten«. Warum kann Gott, der Richter, uns auf dem Berg Zion als gerecht und vollendet beurteilen?**

Auf dem Berg Zion in Jerusalem kam auch der Geist Gottes wie das Rauschen eines mächtigen Windes und erfüllte die 120 Jünger im Obergemach, wodurch die Gemeinde geboren wurde (siehe Apg 2,2–4). Der Geist Gottes konnte es nicht erwarten, die Gläubigen zu bewohnen, die durch das Blut Jesu gerechtfertigt worden waren. Kannst du dir vorstellen, dass Gott in dir lebt? Du bist ihm so nah, dass du ein Geist mit Gott bist (siehe 1Kor 6,17), weil unser Herr Jesus dir zuerst nahekam und sein Leben für dich gab.

8. Die Revolution der Gnade ist eine Beziehungs-Revolution. Was erfährst du über die Beziehung, die Gott mit dir haben möchte, was dir bisher vielleicht noch nicht bewusst war?

Die Welt, in der wir heute leben, ist voller Hungersnöte, wirtschaftlicher Unsicherheit, Tragödien und aller Arten von Übel. Wegen des Chaos, das sie überall um sich herum sehen, führen viele Menschen ein gestresstes, angstvolles Leben. Die Bibel sagt, dass die Welt dunkler werden wird, und genau dies geschieht gerade (siehe Jes 60,2).

Doch inmitten all dieser Dunkelheit und Ungewissheit spricht die Bibel von einem Ort der Nähe zu Gott, wo du und deine Familie Zuflucht finden können. »Du sollst im Lande Goschen wohnen und nahe bei mir sein, du und deine Kinder und deine Kindeskinder, dein Kleinvieh und Großvieh und alles, was du hast. Ich will dich dort versorgen« (1Mo 45,10–11 LUT).

9. Was bedeutet das Wort *Goschen*? Wie tröstet dich das, wenn du in der Welt um dich herum Dunkelheit und Ungewissheit siehst?

10. An diesen Ort der Nähe zu Gott gebracht zu werden und auf dem Berg Zion gegründet zu sein bedeutet, eine derart innige Nähe zu Gott zu haben, wie du sie niemals für möglich gehalten hättest. Was geschieht an diesem Ort der innigen Nähe?

11. Adelines Zeugnis auf den Seiten 246–248 bekräftigt, dass die Revolution der Gnade eine Revolution der Beziehung und innigen Nähe zu Gott ist. Was, glaubst du, möchte Gott deinem Herzen durch ihre Geschichte mitteilen?

Du kannst auf Zion und in der Nähe und Vertrautheit mit Gott verankert bleiben, indem du in deinem gerechten Stand in Christus Jesus gegründet bist. Unser Herr Jesus starb am Kreuz und stand am dritten Tag wieder auf, um uns eine ewigwährende Gerechtigkeit zu geben, die im Glauben an ihn verankert ist (siehe Röm 4,5). Und weil du seine Gerechtigkeit als ein Geschenk bekommen hast, das nicht von deinen Werken abhängt, kannst du als geliebter Sohn oder geliebte Tochter zuversichtlich zu deinem Vater kommen. Du kannst anstatt toter Werke Fruchtbarkeit genießen, wenn du nicht aus religiösem Pflichtgefühl, sondern im Reich seiner Liebe zu dir lebst.

12. Welche Hoffnung gibt dir dieses Wissen, wenn du von negativen Umständen, einer langandauernden Erkrankung oder einer Sucht, aus der du scheinbar nicht ausbrechen kannst, niedergeknüppelt wurdest?

Wenn Christus in seiner herrlichen Gnade in deinem Leben voll wirksam ist, wird der Durchbruch, um den du Gott vertrauensvoll bittest, im Namen Jesu schnell eintreten. Diese zerstörerische Sucht, mit der du seit Jahren kämpfst, wird von dir abfallen und dein Leben nicht länger im Griff halten. Diese Erkrankung, die du versucht hast zu besiegen, wird nicht mehr existieren. Amen!

KAPITEL 13

EIN HERZ FÜR JESUS HABEN

Sechs Tage bevor unser Herr Jesus sich selbst hingab, um gekreuzigt zu werden, versammelte er seine Freunde in Betanien, das wie seine zweite Heimat war. Dort liebten ihn seine engsten Freunde Marta, Maria und Lazarus, sie ehrten ihn und wussten seine Anwesenheit wirklich zu schätzen. Auch er schätzte ihre Gesellschaft sehr und fühlte sich bei ihnen immer wohl und entspannt. Obwohl sie ihm zu Ehren ein Festmahl bereitet hatten, wurde dieses von dem bedrohlich näher rückenden Passah überschattet. Seine Freunde verstanden bis zu einem gewissen Grad, was er vorhatte, und ihre Herzen waren schwer, weil er ihnen zutiefst wichtig war.

Während unser Herr Jesus aß, holte Maria ein Gefäß mit Narde heraus, einem duftenden Öl, so teuer, dass es so viel wert war wie ein ganzer Jahreslohn. Sie ließ keinen Tropfen ihres erlesenen Geschenks übrig, als sie die Füße des Herrn salbte und sie mit ihren Haaren trocknete, wodurch sich das gesamte Haus mit dem opulenten Duft füllte.

1. **Was verstand Maria in Bezug auf Jesus, das eine solche Anbetung und ein Herz voller Liebe für den Herrn hervorrief, die nicht in Worte gefasst werden konnte?**

2. **Wie sah im Unterschied zu Maria Judas Ischariots Reaktion auf das aus, was Maria für Jesus tat? Was zeigt dir das über seine Wertschätzung dem Herrn gegenüber?**

3. **Wurde dir schon einmal gesagt, Bibel zu lesen oder in deiner Ortsgemeinde mitzuarbeiten und sich einzubringen sei Zeitverschwendung? Was ist oftmals der Grund, warum Menschen diese Anklagen vorbringen?**

4. **Wie prüfst du jede Lehre und/oder biblische Auslegung, die du hörst, um sicherzugehen, dass sie die Wertschätzung widerspiegeln, die unserem Herrn Jesus gebührt?**

Wenn wir sicherstellen, dass wir Lehre hören, die unseren Herrn Jesus verherrlicht und über menschliche Leistungen erhebt, sagen wir damit nicht, dass Leistung im Leben eines Gläubigen nicht wichtig ist. Der Schlüssel zur Leistung kommt daraus, die Kraft von Gottes Liebe, Gnade und unverdienter Gunst in deinem Leben zu haben! Du wirst fähig sein, gute Leistung zu erbringen, wenn du weißt, was der Herr für dich getan hat und dass du vollkommen geliebt bist.

5. **Wie kommt dieses Prinzip in Kindern zum Ausdruck, die mutig, zuversichtlich und selbstsicher sind? Wie sieht das Leben in ihrer Familie aus?**

6. **Wie können Eltern in einem Umfeld von Liebe, Gnade und Bestätigung ihre Kinder zur gleichen Zeit auch erziehen, zurechtweisen und unterweisen?**

Manche Menschen haben die irrige Vorstellung, Gott müsse uns nicht zurechtweisen und erziehen, weil wir seine höchst begünstigten Kinder und unter seiner Gnade sind. Doch Sprüche 3,12 (NLB) sagt: »Denn der Herr weist die zurecht, die er liebt, so wie ein Vater seinen Sohn zurechtweist, an dem er Freude hat.«

7. **Wodurch sind wir höchst begünstigt von Gott, ungeachtet dessen, wie wir uns verhalten?**

8. **Während wir in der Gnade und der Erkenntnis unseres Herrn Jesus Christus wachsen, wird unser himmlischer Vater uns zurechtweisen, erziehen und unterweisen. Doch wie wir in Kapitel 10 gesehen haben, weist er uns auf liebevolle Weise durch sein Wort zurecht (siehe 2Tim 3,16), und nicht durch Schmerzen und Leid. Warum ist es so wichtig, die Revolution der Gnade zu erleben und zu wissen, dass der himmlische Vater uns ausschließlich in Liebe zurechtweist?**

Judas Ischariot verriet Jesus für dreißig Silberstücke, weil er den Wert Jesu nicht verstand. Nach der Tat schrie er voller Verzweiflung: »Ich habe unschuldiges Blut verraten« (siehe Mt 27,4). Dann ging er hinaus und beging Selbstmord. Er lehnte den Herrn ab und seine Schuld trieb ihn dazu, sich zu erhängen.

9. **Warum versuchen heute so viele Menschen, sich für ihre eigenen Sünden selbst zu bestrafen?**

10. **Was tun viele Menschen, um die Stimmen der Anklage in ihrem Gewissen zu betäuben? Ist das auch deine bisherige Erfahrung gewesen?**

11. Wie kann man damit aufhören, sich selbst zu bestrafen, und stattdessen das überfließende Leben empfangen, das Jesus uns geben wollte, als er auf diese Erde kam?

12. Garrett erzählt in seinem Zeugnis auf Seite 262 davon, wie sein Leben in eine jahrelange Abwärtsspirale geriet: Er war depressiv, drogen- und alkoholabhängig und verzweifelt, er verlor seine Arbeit, seine Frau und seinen Sohn und hasste sich zunehmend so sehr, dass er schließlich einen Selbstmordversuch unternahm. Was gab seinem Leben eine ganz neue Richtung?

Falls du seit einer gefühlten Ewigkeit in einem Sumpf der Einsamkeit, Entmutigung und Selbstzerstörung steckst, verschwende nicht auch nur einen einzigen weiteren Tag an diesem dunklen Ort. Bete stattdessen den Einen an – unseren Herrn und Retter, Jesus Christus –, der alles aufgab und zuließ, am Kreuz für deine Erlösung angespuckt, brutal geschlagen und mit dicken Nägeln durchbohrt zu werden. Erlaube dem Duft seiner Liebe und Gnade, jeden Bereich deines Lebens zu durchfluten. Erlaube dem Wohlgeruch seines Opfers, jeden Schmerz, jede Enttäuschung und jede Unsicherheit zu durchdringen und zu heilen.

13. **Schreibe ein an den Herrn gerichtetes Gebet, in dem du ihm sagst, wie du dich fühlst, während du darüber nachdenkst, wer er ist und was er getan hat, weil er dich so sehr liebt. Danke ihm für seine Gnade, die alles Zerstörerische in deinem Leben heilt und überwindet.**

Unser Herr Jesus hat bereits den Preis bezahlt, damit du heil sein und wiederhergestellt werden kannst. Er hat bereits den Preis bezahlt, damit du kühn und ungehindert zum Thron seiner Gnade kommen kannst. Oh, wie sehr er dich liebt! Er liebt dich! Er liebt dich!

Wir haben gesehen, wie in Betanien offenbar wurde, dass Maria ein Herz hatte, das Jesus anbetete, und dass Judas' Herz ihn ablehnte. In Johannes 11,53 sehen wir eine weitere Reaktion auf Jesus, als er das erstaunliche Wunder vollbrachte, Lazarus von den Toten aufzuerwecken. Dort steht, dass die Hohenpriester und Pharisäer von jenem Tag an planten, Jesus zu töten – den Einen, der blinde Augen öffnete, taube Ohren auftat, die Leprakranken reinigte und die Toten auferweckte!

14. Was ist so ironisch daran, dass die Hohenpriester und Pharisäer Jesus töten wollten? Welches Wissen hatten sie, doch welche *Erkenntnis* fehlte ihnen?

15. Welche Warnung können wir daraus für uns selbst ableiten, wenn wir die Bibel studieren und auslegen?

16. Wozu veranlasst dich echte biblische Erkenntnis über Jesus?

Übersieh nicht den Autor, wenn du sein Wort liest.

17. In Johannes 6,35 sagte Jesus: »Ich bin das Brot des Lebens. Wer zu mir kommt, den wird nicht hungern, und wer an mich glaubt, den wird niemals dürsten.« Wenn du die Bibel erforschst, was bedeutet es, »sich von Christus zu nähren« und was geschieht, wenn du es tust?

Echte Heiligkeit entsteht dann, wenn wir Jesus betrachten. Während du deinen Herrn ansiehst, wirst du von innen heraus verwandelt, von Herrlichkeit zu Herrlichkeit. Wenn du Jesus wertschätzt, ist es einfach dein Herzenswunsch, ihn in allem, was du denkst, sagst und tust, zu verherrlichen. Wenn du ein Herz für Jesus hast, wird sich, während du sein vollbrachtes Werk empfängst, alles in deinem Leben – ob es deine Ehe, deine Kindererziehung oder deine Arbeit ist – von selbst ergeben!

18. In dem Bericht aus Johannes 12 haben wir Marias wunderschönes Herz der Liebe und Anbetung für den Herrn gesehen. Sie vergoss und gab dem Herrn ihr Allerbestes, und der Duft erfüllte das Haus. Was zeigt uns das über alles, was wir aus Liebe für Jesus tun?

19. Jesus verteidigte Maria gegenüber Judas' Anklage, sie hätte das teure Nardenöl an Jesus verschwendet (siehe Joh 12,7). Inwiefern spiegelt dies wieder, wie Jesus unsere Anbetung wertschätzt?

Das Brandopfer im Alten Testament gab es in drei Größen – im wahrsten Sinne des Wortes groß, mittel und klein (siehe 3Mo 1,1–17). Die Reichen brachten ein teures männliches Rind, die mittlere Einkommensstufe ein Lamm und die Armen zwei leicht erhältliche Tauben oder Turteltauben.

20. Obwohl die Opfergaben sich in der Größe unterschieden, waren sie für Gott dennoch gleichermaßen wertvoll. Was war der Grund?

21. Inwiefern sind diese drei Tieropfer eigentlich Typologien für die Wertschätzung, die Gläubige Jesus und seinem vollbrachten Werk heute entgegenbringen?

22. So wie der Herr alle drei Opfer annahm, sind wir als Gläubige in seinen Augen alle angenommen. Aber Gott will, dass deine taubengroße Offenbarung von seinem Sohn auf eine ochsengroße Wertschätzung ihm gegenüber anwächst. Warum ist das so wichtig?

Wenn du Jesus hoch achtest, wenn du ihn anbetest und ihm gibst, wird nicht nur dein Leben dauerhaft verwandelt, es wirkt sich auch dauerhaft auf viele künftige Generationen aus. Wenn der Herr Jesus im Mittelpunkt von allem steht, wirst du eine Lebensqualität erfahren, die deine Vorstellungen übersteigt. Und deshalb dreht sich bei der Revolution der Gnade alles darum, ein Herz für Jesus zu haben!

KAPITEL 14

NIMM DAS VOLLBRACHTE WERK VOLLSTÄNDIG IN BESITZ

Wenn du die Person Jesu wertschätzt, weißt du zu schätzen, was er schätzt. Hebräer 10,24–25 sagt uns, dass unser Herr besonderen Wert darauf legt und es sehr wichtig findet, dass du Teil einer Ortsgemeinde bist. Obwohl es großartig ist, das Evangelium der Gnade durchs Fernsehen, anhand von Lehrmaterialien, aus Onlinequellen oder auch durch dieses Buch zu empfangen, solltest du dich auch einer Gemeinde anschließen. Die Revolution der Gnade ist nicht das Erlebnis vereinzelter Menschen. Sie wird am besten im Rahmen einer Ortsgemeinde erlebt, in der es Gemeinschaft, gegenseitige Verantwortung und weisen Rat gibt. Die Ortsgemeinde ist keine menschliche Idee, sie ist Gottes Idee, und es liegt tatsächlich etwas Kraftvolles darin, sich in einer Gemeinschaft von Gläubigen als Teil des Leibes Christi zu versammeln, wo Gemeinschaft mit *wahren Besitzern* unseres Herrn Jesus Christus stattfindet.

Das Neue Testament enthält auch viele Warnungen über Menschen, die sich verbal zum Christentum bekennen oder sich selbst als Christen bezeichnen, jedoch Jesus in Wirklichkeit niemals dazu eingeladen haben, ihr persönlicher Herr und Retter zu sein.

1. **2. Petrus 2,22 sagt: »Der Hund kehrt wieder um zu dem, was er erbrochen hat, und die gewaschene Sau zum Wälzen im Schlamm.« Dieser Vers wird häufig fälschlicherweise zitiert, wenn ein »Christ« als rückfällig angesehen wird, sich vom Herrn abgewandt zu haben scheint und vermeintlich in Gefahr ist, »seine Errettung zu verlieren«. Bezieht dieser Vers sich überhaupt auf Gläubige?**

2. **Was verändert sich, wenn ein Mensch in Christus Jesus zu einer neuen Schöpfung gemacht wird?**

Wenn du den Herrn Jesus in dein Leben empfangen hast, darfst du ohne jeden Zweifel wissen, dass du von neuem geboren bist, das Geschenk des *ewigen* Lebens erhalten hast, deine Errettung genauso gewiss ist wie die Verheißungen in Gottes Wort, du nicht ins Gericht kommen wirst und vom Tod zum Leben hindurchgedrungen bist!

3. Als Jesus in Matthäus 7,21–23 (NGÜ) sagte: »Nicht jeder, der zu mir sagt: ›Herr, Herr!‹, wird ins Himmelreich kommen, sondern nur der, der den Willen meines Vaters im Himmel tut«, bezog er sich dabei auf von neuem geborene Gläubige?

4. Warum ist so wichtig, alle Verwirrung bezüglich der Sicherheit unserer Errettung in Christus zu beseitigen?

5. Jesus sagte in Johannes 10,27–28 (NGÜ): »Meine Schafe hören auf meine Stimme. Ich kenne sie, und sie folgen mir, und ich gebe ihnen das ewige Leben. Sie werden *niemals* verloren gehen, und niemand wird sie aus meiner Hand reißen.« Was ist so bedeutsam an dem Wort, das mit »niemals« übersetzt wurde? Welche Gewissheit gibt dir das?

In der Bibel steht unmissverständlich: »Wenn du mit deinem Mund Jesus als den Herrn bekennst und in deinem Herzen glaubst, dass Gott ihn aus den Toten auferweckt hat, *so wirst du gerettet*« (Röm 10,9). Dort steht, dass »*niemand sie aus der Hand meines Vaters reißen [kann]*« (Joh 10,29). In der Bibel steht: »Denn so [sehr] hat Gott die Welt geliebt, dass er seinen eingeborenen Sohn gab, *damit jeder, der an ihn glaubt, nicht verlorengeht, sondern ewiges Leben hat*« (Joh 3,16). Das steht in der Bibel!

Als in den 1930er Jahren die Golden-Gate-Brücke in San Francisco gebaut wurde, gab das riesige Sicherungsnetz, das unter der Brücke angebracht wurde, den Arbeitern das nötige Vertrauen, um effizienter arbeiten zu können. So ist es auch bei uns: Die Sicherheit der Errettung zu haben und zu wissen, dass uns nichts aus der Hand unseres Vaters reißen kann, gibt uns Vertrauen und Kraft, auf den Herrn zu schauen, den besseren Lauf zu laufen und von Herrlichkeit zu Herrlichkeit zu gehen. Christen, die sich der Liebe des Vaters sicher sind, werden durch die Erneuerung ihres Denkens mittels der Kraft der erstaunlichen Gnade Gottes verwandelt.

6. Warum wollen von neuem geborene Gläubige, die in Gottes Gnade gegründet sind, ein Leben führen, das seinen heiligen Namen in jedem Bereich ihres Lebens verherrlicht?

7. **Nimm dir etwas Zeit und denke über Titus 2,11–14 (ELB) nach: »Denn die Gnade Gottes ist erschienen, heilbringend allen Menschen, und unterweist uns, damit wir die Gottlosigkeit und die weltlichen Begierden verleugnen und besonnen und gerecht und gottesfürchtig leben in dem jetzigen Zeitlauf, indem wir die glückselige Hoffnung und Erscheinung der Herrlichkeit unseres großen Gottes und Retters Jesus Christus erwarten. Der hat sich selbst für uns gegeben, damit er uns loskaufte von aller Gesetzlosigkeit und sich selbst ein Eigentumsvolk reinigte, das eifrig sei in guten Werken.« Zu welchem Ergebnis führt es laut dieser Bibelstelle, unter der Gnade zu sein und die Person Jesu zu betrachten?**

Epheser 1,6 (NKJV) sagt uns, dass wir durch Gottes unverdiente, nicht von uns erarbeitete und von unseren Leistungen unabhängige Gunst angenommen worden sind in dem Geliebten – Jesus. Das gilt für jeden Gläubigen – durch die Gnade Gottes bist du in dem Geliebten angenommen. Das griechische Wort für »angenommen« ist hier *charitoo*, was »höchst begünstigt« bedeutet. Unser Vater im Himmel möchte dich wissen lassen, dass du *charitoo* bist, d. h. höchst begünstigt in dem Geliebten. *Charitoo* bedeutet auch »mit Gunst umschließen«. Mit anderen Worten: Wir sind *umgeben* von Gunst. Das ist unsere Stellung in Christus: höchst begünstigt und umgeben von Gunst durch die Herrlichkeit seiner Gnade!

8. **Durch die Gnade Gottes sind wir ohne eigene Mühe in dem Geliebten angenommen. Was bedeutet es also, wenn in 2. Korinther 5,9 (KJV) steht: »Darum arbeiten wir, damit … wir von ihm angenommen werden«?**

9. **Welche Kenntnis über das griechische Wort *euarestos* bzw. »wohlgefällig« in 2. Korinther 5,9 (KJV) ist hilfreich für uns?**

10. **Erläutere, wie »höchst begünstigt« und »wohlgefällig« sein in der Beziehung zwischen Eltern und Kindern aussieht.**

Genauso ist es in unserer Beziehung zu unserem himmlischen Vater. Wenn wir wissen, wie sehr wir geliebt und in seiner Gnade gegründet sind, wollen wir gute Werke tun, um ihm Freude zu bereiten.

Alles, was wir heute tun, muss daraus kommen, dass Gott uns verschwenderisch mit seiner Gnade versorgt. Unser Geben muss aus seiner Gnade kommen. Unser Dienen muss aus seiner Gnade kommen. Wenn seine Gnade unsere Freude ist, können wir nicht anders, als noch weit mehr zu arbeiten und dem Herz unseres Vaters Freude zu bereiten!

11. Was motivierte den Apostel Paulus laut 1. Korinther 15,10, um des Evangeliums willen härter zu arbeiten als alle anderen Apostel?

12. Schau dir Jaydens Zeugnis auf Seite 291 an. Inwiefern änderte die Entdeckung, dass er von Gott geliebt ist, seinen Wunsch, Gott in seinem alltäglichen Leben zu gefallen?

13. Nimm dir einen Moment Zeit, um über die Geschichte vom Vater des verlorenen Sohnes nachzudenken (siehe Lk 15,11–32). Wie möchtest du reagieren, wenn du bedenkst, dass unser liebender, fürsorglicher, lächelnder Vater uns entgegenläuft, wenn wir versagt haben?

Die Revolution der Gnade beginnt im Inneren und strömt nach außen, und sie dreht sich darum, dass wir vom Vater immer geliebt und höchst begünstigt sind.

SCHLÜSSEL NR. 4

SPRICH DIE SPRACHE DES GLAUBENS

KAPITEL 15

LIEBE DAS LEBEN UND SIEH GUTE TAGE

Deine Worte sind voller Kraft. Was du über dich selbst sagst, kann dein Leben verändern. Gottes Wort ist so wunderbar eindeutig: »Denn ›wem das Leben lieb ist und wer gute Tage sehen will, der bewahre seine Zunge vor Bösem und seine Lippen, dass sie nicht Trug reden‹« (1Petr 3,10). Wenn du das Leben lieben und gute Tage sehen willst, musst du nur deine Zunge davor bewahren, Böses zu reden. Das klingt einfach. Man könnte sogar behaupten, es sei zu einfach.

Doch die Bibel erinnert uns daran, die Zunge nicht einfach zu verachten, weil sie klein ist: »Oder denkt an ein Schiff: So groß es auch sein mag und so heftig die Winde sind, denen es ausgesetzt ist, wird es doch von einem winzigen Ruder auf dem Kurs gehalten, den der Steuermann bestimmt. Genauso ist es mit der Zunge: Sie ist nur ein kleines Organ unseres Körpers und kann sich doch damit rühmen, große Dinge zu vollbringen« (Jak 3,4–5 NGÜ). Im Buch der Sprüche erklärt auch Salomo: »Tod und Leben stehen in der Gewalt der Zunge, und wer sie liebt, der wird ihre Frucht essen« (Spr 18,21). Es ist offensichtlich: Gott will nicht, dass du die Macht deiner Worte unterschätzt!

1. **Glaubst du wirklich, dass deine Worte so viel Einfluss und Macht über dein ganzes Leben ausüben? Denke über die Worte nach, die du gewohnheitsmäßig aussprichst. Sind es Worte, die deiner eigenen jeweiligen Lebenslage und auch anderen Menschen Leben und Segen bringen? Was würdest du gerne ändern an dem, was du sagst?**

Lies 1. Petrus 3,8–10. Was der Apostel Petrus dort anführte, geschah im Zusammenhang mit unseren menschlichen Beziehungen. So wie wir durch das Evangelium der Gnade in unserer Beziehung zu Gott von innen heraus verwandelt wurden, ist die Gnade, die wir erfahren haben, dafür bestimmt, alle deine irdischen Beziehungen wie eine mächtige Gezeitenwelle zu überfluten.

2. **Welche Art von Menschen sollen wir laut Petrus in unseren Beziehungen sein?**

3. Das ursprüngliche griechische Wort für »Segen« in 1. Petrus 3,9 ist *eulogeo*, was »gut reden von jemandem oder etwas« bedeutet und von dem sich das Wort »Eloge« (Lobrede) ableitet. Welches einfache, aber erstaunlich kraftvolle Prinzip wird hier dargelegt?

4. Nimm dir etwas Zeit und denke darüber nach, dass du die Kraft hast, zu segnen und überall ein Segen zu sein. Unterschätze nicht, was dies in deinem Leben und im Leben anderer bewirken wird. Was sind einige der Möglichkeiten, wie du dich darin üben kannst, gut über etwas oder über die Menschen in deinem Leben zu sprechen?

Jedes Mal, wenn du seine Segnungen über deinem Leben aussprichst, nimmst du deine gesegnete Stellung in Christus in Besitz.

Das biblische Gegenteil davon, Gutes zu sprechen, ist, zu verfluchen. Als unser Herr den Feigenbaum verfluchte, sagte er da: »Ich verfluche dich, Feigenbaum«? Nein, er sagte nur: »Nie wieder soll jemand von deinen Früchten essen!« (Mk 11,14 NLB). Und am nächsten Tag, als die Jünger wieder am Feigenbaum vorübergingen, sagte Petrus: »Rabbi, siehe, der Feigenbaum, den du *verflucht* hast, ist verdorrt!« (Mk 11,21). Obwohl Jesus nicht das Wort *verfluchen* gebrauchte, korrigierte er Petrus auch nicht, weil dieser recht hatte – *die ausgesprochenen negativen Worte waren gleichbedeutend mit einem Fluch.*

5. Welches außerordentlich wichtige Prinzip verdeutlicht dies in Bezug auf unsere Worte?

Übersieh das nicht! Verändere deine Worte, und verändere damit dein Leben. Spüle die negativen Worte mit den Worten von Gottes Gnade, Liebe und Kraft aus deinem Leben hinaus!

6. Jetzt da du weißt, dass Worte der Niederlage, Bitterkeit, Wut und Beschwerde giftig und gleichbedeutend mit einem Fluch sind, inwiefern wird dies beeinflussen, welche Worte du wählst, zum Beispiel über deine gegenwärtige negative Situation oder deine Zukunft?

7. **Beachte, dass der Feigenbaum nicht sofort verdorrte, als Jesus zu ihm sprach. Inwiefern ermutigt uns das, wenn wir zu unserer Herausforderung sprechen und scheinbar nichts passiert?**

8. **Lorraines wunderbares Zeugnis (Seite 305) zeigt dir die Kraft des Gebets bzw. des Sprechens und zeigt, wie Veränderung schon vom allerersten Tag an beginnt, an dem du etwas aussprichst. Warum sprach sie das Blut des Lammes Gottes über dieser Situation aus?**

Heute können wir verkünden, dass sich unserer Wohnstätte keine Plage, kein Tod, keine Bestrafung, kein Schaden, keine Gefahr, kein Übel nähern kann, weil die volle Bezahlung für unsere Sünden bereits durch unseren Herrn Jesus erfolgt ist.

Nimm dir jetzt einen Moment Zeit und lies, was der Apostel Paulus in Römer 10,4–6.8–10 über die Kraft des Sprechens im neuen Bund der Gnade sagt, indem er diesen dem alten Bund gegenüberstellt. Bitte beachte, dass Christus das Ende des Gesetzes und den Beginn des neuen Bundes kennzeichnet und die beiden Bündnisse nicht miteinander vermischt werden dürfen. Heute behandelt Gott uns ausschließlich gemäß dem neuen Bund.

9. **Was sind die wesentlichen Unterschiede, die Paulus zwischen den beiden Bündnissen hervorhebt, und welchen Unterschied bewirkt die Kraft des richtigen Glaubens?**

Eine Person, die durch die Gnade verwandelt wurde, hält das Gesetz Gottes nicht nur äußerlich; ihr Herz ist voll von Jesus. Diese Person quillt über vor Großzügigkeit, hat Leidenschaft für ihren Ehepartner und ist eifrig in guten Werken und lebt für die Herrlichkeit ihres Erlösers Jesus Christus. Kannst du den Unterschied sehen? Er ist wie Tag und Nacht.

10. **Deine Worte sind voller Kraft. In Römer 10,8 (LUT) fügte der Apostel Paulus hinzu, dass das Wort des Glaubens dir nahe ist »in deinem Munde und in deinem Herzen«. Was sagt dir das über den Entstehungsprozess von Worten des Glaubens?**

11. Es ist so wichtig, dass du unter dem neuen Bund nicht für deine eigene Gerechtigkeit arbeitest, um auf diese Weise geheilt und gesegnet zu werden. Vergleiche Römer 10,5 und 10,6 miteinander. Worauf konzentriert sich einerseits das Gesetz und worauf andererseits die Gerechtigkeit aus dem Glauben?

Die Gerechtigkeit aus dem Gesetz tut, aber die Gerechtigkeit aus dem Glauben spricht (siehe Röm 10,5–6 LUT). Darum sprich! Öffne deinen Mund und sprich! Glaube wird durch Sprechen freigesetzt.

Du und ich sind im Ebenbild Gottes geschaffen, der, als die Dinge am Anfang der Schöpfung sehr dunkel waren, nicht über die Dunkelheit sprach, die er sah. Nein, Gott sprach das aus, was er sehen wollte. Er sagte: »Es werde Licht!« Und es wurde Licht (siehe 1Mo 1,3–4). Gott sah Licht, *nachdem* er es ausgesprochen hatte.

12. Wir dienen einem Gott, »der die Toten lebendig macht und das Nichtseiende ruft, wie wenn es da wäre« (Röm 4,17 ELB). Inwiefern sieht man das an Abrahams Namensänderung (siehe 1Mo 17,5), an der Heilung des Mannes mit der verdorrten Hand (siehe Mt 12,10–13) und der Heilung des Mannes, der achtunddreißig Jahre lang krank gewesen war (siehe Joh 5,5–9)?

Du bist in Gottes Ebenbild geschaffen. Das Gleiche kann und wird somit für dich geschehen, wenn du siehst und aussprichst, was du glaubst und was du sehen willst! Möchtest du das Leben lieben und gute Tage sehen? Dann fang an, Dinge auszusprechen, bevor du sie überhaupt siehst.

Im neuen Bund will Gott, dass wir unseren Fokus auf Glauben und Sprechen legen. Du siehst dich vielleicht mit Dunkelheit, Unfruchtbarkeit, Krankheit oder Schwäche konfrontiert, aber sprich im Glauben das aus, was du sehen willst. Gott sah die Dunkelheit, aber er sprach das aus, was er sehen wollte. Was also willst du in deinem Leben sehen – in deinem Körper, deiner Ehe, deinen Kindern, deiner Familie, deinem Zuhause und an deinem Arbeitsplatz? Denk daran, es geht nicht darum, was du *gerade siehst*, sondern darum, was du *sehen willst*.

13. Es ist bedauerlich, dass es dem Feind gelungen ist, viele Menschen durch Täuschung dazu zu bringen, negativ – und oft mit Bitterkeit und Unversöhnlichkeit – über ihr eigenes Leben und das Leben der Menschen um sie herum zu sprechen. Lies Sprüche 14,30 (AMP). Vor welchen Folgen, die entstehen, wenn wir an negativen Emotionen festhalten, warnt uns diese Bibelstelle?

14. Es ist oft schwierig, jemandem zu vergeben, der uns etwas Unrechtes angetan hat und unsere Vergebung nicht verdient. Warum sollten wir uns trotzdem dafür entscheiden, diese Person zu segnen (siehe 1Petr 3,9)?

15. Die Juden haben einen Ausdruck, wenn sie einen Trinkspruch auf jemanden ausbringen. Sie sagen: »*L'chaim*«, was bedeutet: »Auf das Leben!« Wie wirst du anfangen, deine Worte zu nutzen, um in das überfließende Leben, das unser Herr uns brachte, als er auf diese Erde kam, einzutreten und es zu feiern?

Wenn du deine Worte veränderst, wirst du dein Leben verändern. *L'chaim*!

KAPITEL 16

DIE KRAFT DER IDENTITÄT

Lies die Geschichte von dem Geschäftsmann und dem Bettler. Diese Geschichte zeigt die Kraft der Identität auf. Der Geschäftsmann gab diesem Bettler ein erneuertes Gefühl von Bedeutung und Identität, indem er einfach etwas über ihn aussprach und das in ihm schlummernde Potenzial ins Dasein rief. Als er diesen Bettler einen Geschäftsmann nannte, weckte er in ihm ein erneuertes Gefühl von Bedeutung, Wert und Wichtigkeit. Die Worte gaben dem Bettler eine neue Perspektive – neuen Glauben und eine neue Vision –, die ihn dazu brachte, sich von der Lüge zu lösen, er könne nichts anderes sein als ein Bettler. Diese Geschichte weist Parallelen für heutige Gläubige auf.

1. **Warum kämpfen so viele Gläubige mit Sünde, Süchten und zerstörerischen Bindungen?**

2. **Als die Gemeinde in Korinth in Sünde gefallen war, verwies Paulus diese Gläubigen nicht zurück auf das Gesetz Moses. Woran erinnerte er sie in 1. Korinther 6,15.19–20?**

3. **Was ist die beste Möglichkeit, um Gläubige, von denen du weißt, dass sie mit Sünde zu kämpfen haben, zu ermutigen und aufzubauen? Wie kannst du dieses Prinzip auf dein eigenes Leben anwenden?**

Das bewegende Zeugnis von Melissa auf den Seiten 316–320 beschreibt die Reise, auf die sie sich begab, um ihre wahre Identität in Christus zu entdecken. Melissa wuchs mit dem Gefühl auf, ein wertloser Niemand zu sein, weil ihr das ständig gesagt wurde. Sie erlebte nie die Liebe ihres Vaters, weshalb sie verzweifelt Liebe in vielen Beziehungen und bei vielen Partnern suchte, was zu einem zerstörerischen Lebensstil der Sünde und zu Gefühlen tiefer Traurigkeit, Verwirrung und anhaltender Leere führte. Ein Mensch, der glaubt, wirklich ein wertloser Niemand zu sein, wird anfangen, sich so zu verhalten, als wäre er ein nutzloser und wertloser Niemand. Das ist die negative Kraft des falschen Glaubens.

4. **Was glaubte Melissa über Gott als Folge dessen, was ihr über ihn gesagt worden war?**

5. **Was fand sie über Gott heraus, das sie völlig von innen heraus verwandelte?**

6. **Was bewirkte Melissas wiederholtes Bekennen ihrer Gerechtigkeit in Christus in ihrem Leben?**

Hollywood und die weltlichen Medien haben das Partyleben – trinken, sich berauschen und mit verschiedenen Leuten schlafen – als cool und unbeschwert vergöttert und verherrlicht. Melissas Geschichte lässt uns hinter die Fassade der Lüge schauen, das YOLO-Leben – *you only live once* (dt. man lebt nur einmal), ein Dasein ohne Konsequenzen – sei großartig. Man sieht, wie zutiefst unglücklich und deprimiert diese in einen sündigen Lebensstil verstrickten Menschen sind. Doch unsere Teenager und Jugendlichen werden mit diesen Bildern bombardiert – in ihren sozialen Medien, in Filmen und in TV-Sendungen, bei denen eine sündige Lebensweise nicht nur geduldet, sondern auch gefeiert wird.

7. **Viele Gemeinden haben darauf mit mehr Predigten über das Gesetz, Buße und Charakterstärke reagiert. Was hören junge Menschen in diesen Botschaften?**

8. **Welche Botschaft hören die, die mit einem sündigen Lebensstil zu kämpfen haben, tatsächlich, wenn die Gemeinde verkündet: »Wir lieben den Sünder, aber hassen die Sünde«?**

9. **Wie in Kapitel 9 sehen wir auch hier wieder, dass Jesus, »der Freund der Sünder« (siehe Mt 11,19), sich nach Sündern ausstreckt und sie rettet, und wie sie durch eine einzige Begegnung mit seiner Liebe und Gnade für immer von innen heraus verwandelt wurden. Wie war seine Einstellung zu ihrer Sünde und was bewirkt echte Gnade bei Sündern?**

Gottes herrliche Gnade öffnet denen die Gefängnistüren, die in Sünde und Zwängen gefangen sind. Er hat dir die Kraft gegeben, heute hinaus in die Freiheit zu gehen. Nimm seine tiefe Liebe zu dir in Empfang und du wirst befreit werden!

Die Revolution der Gnade beginnt mit einer Person und ihr Name ist Jesus. In Römer 8,3 steht: »Denn was dem Gesetz unmöglich war – weil es durch das Fleisch kraftlos war –, das tat Gott, indem er seinen Sohn sandte.« Die Lösung findest du nicht im Gesetz, sondern im Sohn. Wenn du Jesus als deinen Herrn und Retter hast, hast du alles. Du hast – und das ist das Wichtigste – in Christus eine neue und gerechte Identität.

10. **Nicht selten können Menschen zwar einen Durchbruch, aber keine bleibende Veränderung in dem Bereich erleben, mit dem sie zu kämpfen haben. Warum? Was vergessen sie?**

11. Warum ist es für dich so wichtig, Teil einer Ortsgemeinde zu sein?

Ich habe für dich ein Wort zur rechten Zeit und ich möchte dich herausfordern, eine solide Offenbarung deiner gerechten Identität in Christus zu entwickeln, indem du deine Gerechtigkeit in Christus immer wieder bekennst. Sage im Laufe des Tages – ob du zur Arbeit fährst, Lebensmittel einkaufst oder für deine Familie Essen zubereitest – einfach leise vor dich hin: »Ich bin die Gerechtigkeit Gottes in Christus. Alle Verheißungen, Segnungen und aller Schutz, die den Gerechten gehören, gehören mir« (siehe Spr 10,6). Das ist der Schlüssel, um bleibende Durchbrüche in deinem Leben zu erfahren!

12. Wenn du dir wirklich wünschst, mehr Durchbrüche in deinem Leben zu sehen und die Kraft zu erfahren, mit der du frei von Niederlage leben kannst, wie kannst du in Bezug darauf, wer du in Christus wirklich bist, Worte des Glaubens aussprechen?

KAPITEL 17

SETZE DIE KRAFT ZUR HERRSCHAFT FREI

Die Geschichte der Schunemiterin (siehe 2Kö 4,8–37 NKJV) ist eine kraftvolle Schilderung, von der wir alle etwas lernen können. Während sie der größten Herausforderung ihres Lebens gegenüberstand, hielt sie die Gefühlswallung in ihrem Herzen über den Tod ihres Kindes zurück und sprach etwas aus, das im Gegensatz zu den natürlichen Umständen stand. Nach außen hin war nicht alles gut. Doch sie sagte sich selbst und den Menschen um sie herum immer wieder: »Es ist gut. Es ist gut. Es ist gut.« Sie sprach nicht das aus, was sie sah; sie sprach das aus, was sie sehen wollte. Sie hielt ihre Augen und ihren Glauben auf Gott gerichtet und glaubte von ganzem Herzen, dass in Gott alles gut war und ihr zum Besten dienen werde.

1. **Vielleicht durchlebst du gerade jetzt einige Widrigkeiten in deinem Leben. Möglicherweise hast du einen Verlust erlitten oder gehst durch eine sehr herausfordernde Lebensphase. Lass dich von dieser Geschichte ermutigen. Was kannst du zu glauben beginnen, um dich im Herrn zu stärken?**

Du darfst wissen: Weil du zum Herrn gehörst, kannst du dich fest und sicher darauf verlassen, dass er treu ist und Heilung und Wiederherstellung in dein Leben bringt.

2. **Warum können wir auf den Verheißungen Gottes fest, in Stärke und mit Stolz stehen und »Es ist gut« über jeden Bereich unseres Lebens aussprechen?**

3. **Wir alle können lernen, fest auf Gottes Verheißungen zu stehen. Sprüche 11,21 besagt zum Beispiel: »Der Same der Gerechten wird errettet.« Das bedeutet, dass deine Söhne und Töchter im Namen Jesu sicher bewahrt und geschützt werden. Wie kannst du fest auf dieser Verheißung für deine Kinder stehen, besonders wenn du dir Sorgen um ihre Sicherheit machst?**

Römer 5,17 sagt uns: »Wie viel mehr werden die, welche den Überfluss der Gnade und das Geschenk der Gerechtigkeit empfangen, im Leben herrschen durch den Einen, Jesus Christus!« Manche Menschen denken leider, empfangen sei zu simpel und unbedeutend. Ihr Fokus liegt auf Tun, auf Pflicht, auf menschlicher Verantwortung. Unterschätze nie die Kraft des Empfangens. Das Größte, was ein Mensch tun kann – seine größte Pflicht und größte Verantwortung –, besteht darin, sich zu demütigen, um von dem Herrn Jesus zu empfangen!

4. **Marta und Maria sind klassische Beispiele dieser Wahrheit (siehe Lk 10,38–42). Stelle diese beiden Typen von Gläubigen einander gegenüber.**

   Wem bist du deiner Ansicht nach ähnlicher? Inwiefern?

5. **Was übersah Marta und was war Jesu gütige Antwort darauf?**

6. Weil Maria dieses eine tat, das nötig ist – dem Herrn zu Füßen zu sitzen und einfach von ihrem Retter zu empfangen –, diente sie ihm am Ende auf die richtige Weise. Wir lesen in Johannes 12,1–8, dass sie den Herrn für sein Begräbnis mit teurem, wohlriechendem Öl salbte. Alle anderen Frauen, die ihn für sein Begräbnis salben wollten, kamen am Auferstehungsmorgen zu spät (siehe Lk 24,1–3). Maria konnte zur richtigen Zeit das Richtige tun, weil sie ihr Herz darauf ausgerichtet hielt, vom Herrn zu empfangen. Wie können wir das Gleiche tun?

In Kapitel 5 haben wir gesehen: Wenn du glaubst, dass du alle deine Sünden bekennen musst, damit dir vergeben wird, wird dich das einem Maßstab unterwerfen, nach dem man unmöglich leben kann und der dich in eine niemals endende Tretmühle bringt, die zu einem ständigen Sündenbewusstsein führt. Es wird dich auch anfälliger für Versuchungen machen, weil du dich ständig wie ein schmutziger Sünder fühlst. Wenn du im Gegenzug weißt, dass du die Vergebung der Sünden hast und dass die Zahlung, die das Blut unseres Herrn Jesus vollbrachte, dich vollkommen reingewaschen hat, kannst du offen und ohne Sündenschuld auf deinem Gewissen mit deinem Vater über dein Versagen und deine Fehler sprechen und seine Gnade und Hilfe empfangen, um aus dem Kreislauf der Sünde auszubrechen.

7. **Es gibt eine Lehre, die versucht, Gottes Vergebung zu zergliedern, indem sie behauptet, es gäbe einen Unterschied zwischen »richterlicher Vergebung« und »elterlicher Vergebung«. Lies dir die Seiten 340–341 aufmerksam durch. Wodurch führt diese Lehre zu der gleichen Art von Gefangenschaft, die wir in Kapitel 5 gesehen haben?**

8. **Apostelgeschichte 13,38–39 (ZÜB) erklärt: »Durch ihn wird euch Vergebung der Sünden verkündigt. Von *allem*, wovon ihr durch das Gesetz des Mose nicht freigesprochen werden konntet, wird jetzt jeder, der glaubt, in ihm freigesprochen.« Machte der Apostel Paulus Unterschiede in Bezug auf Vergebung? Was predigte er?**

Das Wort Gottes erklärt: Dir wurde vergeben und dir ist weiterhin vergeben. Amen! In deinen dunkelsten Momenten, und sogar wenn du versagt hast, kannst du mutig sagen: »Ich *bin* die Gerechtigkeit Gottes in Christus. Ich *habe* die Vergebung der Sünden, und Gott liebt mich und ist für mich. Meiner Seele geht es gut!«

Erinnere dich: Die Gerechtigkeit des Glaubens spricht! Die Bibel ermahnt uns mit den Worten: »Der Schwache spreche: Ich bin stark!« (Joel 4,10). Glaube spricht immer das aus, was er sehen will, und nicht das, was er momentan sieht. Der Glaube ist »eine feste Zuversicht auf das, was man hofft, eine Überzeugung von Tatsachen, die man nicht sieht« (Hebr 11,1).

9. **Welche Verheißung Gottes kannst du aussprechen, wenn du schwach bist?**

10. **Welche Verheißung Gottes kannst du aussprechen, wenn dein Körper krank ist?**

11. **Welche Verheißung Gottes kannst du aussprechen, wenn es in deinem Leben Mangel gibt?**

12. Welche Verheißung Gottes kannst du aussprechen, während du gerade mit einer schlechten Angewohnheit oder einer Sucht kämpfst?

13. Was berichtet Jimmy in seinem Zeugnis auf Seite 347 darüber, was passierte, als er begann, seine Gerechtigkeit in Christus aktiv durch den Glauben zu bekennen?

Nimm dieses Geschenk der Gerechtigkeit, das du durch Christus hast, in Besitz und sprich es mutig aus. Du wirst die Kraft für ein Leben frei von Niederlage erfahren und sehen, wie jede Knechtschaft – egal wie lange du schon damit gelebt hast – ihre Macht über dein Leben verliert. Darum geht es bei der Revolution der Gnade.

SCHLÜSSEL NR. 5

EMPFANGE GOTTES ÜBERREICHE WIEDERHERSTELLUNG

KAPITEL 18

EMPFANGE GOTTES VIEL-MEHR-WIEDERHER-STELLUNG

In Jeremia 23,4 steht: »Und ich werde Hirten über sie setzen, die sie weiden sollen; sie werden sich nicht mehr fürchten noch erschrecken müssen, auch soll keines vermisst werden! spricht der Herr.« Gott selbst setzt in der Revolution der Gnade Hirten ein, die das Evangelium der Gnade mit Autorität predigen und den Zuhörenden Sicherheit, Gewissheit, Bestätigung und Vertrauen geben werden, damit sie nicht mehr von Angst oder Entmutigung bedrückt werden! Wenn du viele Jahre damit zugebracht hast, in Zweifel, Angst und Depression zu leben, gibt Gott dir die verlorenen Jahre in der Revolution der Gnade zurück.

1. **Was auch immer der Feind dir gestohlen hat: Wenn der Herr es dir zurückgibt, ist es immer quantitativ oder qualitativ größer. Wie viel Wiederherstellung können wir – basierend auf dem Prinzip der Wiedergutmachung, das wir im Schuldopfer in 3. Mose 5 finden – vom Herrn erwarten?**

2. **Beachte, dass die Person ihre Wiedergutmachung am Tag ihres Schuldopfers bringt. Wofür steht das Schuldopfer bildlich?**

3. **Welche wunderbare Verheißung von Gottes Viel-mehr-Wiederherstellung ist auf dem Weg zu dir, weil du Christus als dein Schuldopfer angenommen hast (siehe Joel 2,25–26 ELB)?**

Aufgrund dessen, was unser Herr Jesus am Kreuz für uns getan hat, kannst du an restlose und vollständige Wiederherstellung glauben – und daran, dass Gott ALL die Zeit ersetzt, die verloren und vergeudet wurde!

4. **Clarences phänomenales Zeugnis auf den Seiten 354–355 veranschaulicht, wie Gott alles zurückgibt, was die Heuschrecken gefressen haben. Was wurde Clarence zurückgegeben, als er die Gnade unseres Herrn und Gott als seinen Papa annahm?**

5. **Gott gab Clarence zurück, was all die Jahre der Drogensucht ihm weggenommen hatten. Für andere ist es eine Wiederherstellung der Jahre, die sie in den Fesseln der Gesetzlichkeit verbrachten. Welche Wiederherstellung erwartest du heute in deinem Leben vertrauensvoll von Gott?**

6. **Unser Herr Jesus sagte: »Wenn ihr in meinem Wort bleibt, so seid ihr wahrhaftig meine Jünger, und ihr werdet die Wahrheit erkennen, und die Wahrheit wird euch frei machen! … Wenn euch nun der Sohn frei machen wird, so seid ihr wirklich frei« (Joh 8,31–32.36). Ist »die Wahrheit«, die uns frei macht, der alte Bund des Gesetzes? Was wollte unser Herr damit wirklich sagen?**

In Apostelgeschichte 15, wo du den Bericht über das Apostelkonzil findest, das sich in Jerusalem versammelte, um zu diskutieren, welche der Gesetze des alten Bundes den heidnischen Gläubigen auferlegt werden sollten, setzte der Apostel Petrus fest, was die Wahrheit ist, die uns frei macht. Beachte Apostelgeschichte 15,8–9, wo Petrus sagt, dass die Heiden, als sie einfach an den Herrn Jesus glaubten, um Vergebung ihrer Sünden zu empfangen (siehe Apg 10,43–44), in gleicher Weise mit dem Heiligen Geist erfüllt wurden wie die jüdischen Gläubigen. Folglich ist es diese Wahrheit, dass diejenigen, die an Jesus glauben, Vergebung der Sünden empfangen, die dich wirklich frei macht, um Gottes bleibende Gegenwart und seine Segnungen zu empfangen. Petrus erklärte, dass die Heiden hörten, wie er die Vergebung der Sünden predigte, sie die gute Botschaft *glaubten* und ihre Herzen durch den Glauben gereinigt wurden.

7. **Was hatte Petrus beim Apostelkonzil darüber gesagt, *wie* die Herzen der heidnischen Gläubigen gereinigt wurden? Was führte dazu, dass ihre Herzen gereinigt wurden (was auch zur Reinigung unserer Herzen führt)?**

8. **Wenn jemand dir sagt, dass du dieses und jenes tun musst, um ein reines Herz zu haben, welche unerschütterliche Zuversicht kannst du laut Gottes Wort hinsichtlich deiner Errettung, deiner Beziehung zum Herrn und deiner Wiederherstellung haben?**

Nachdem der Apostel Petrus dem Apostelkonzil sagte, dass Gott die Herzen der Heiden durch den Glauben gereinigt habe, fügte er hinzu: »Weshalb versucht ihr denn jetzt Gott, indem ihr ein Joch auf den Nacken der Jünger legt, das weder unsere Väter noch wir tragen konnten?« (Apg 15,10). Bei dem »Joch«, das Petrus als unerträglich und unmöglich einzuhalten beschrieb, handelt es sich um das Gesetz des alten Bundes.

9. **Was sollten laut der Aussage des Herrn Jesus in Matthäus 11,28–30 alle jüdischen Menschen tun, die sich unter dem schweren Joch des Gesetzes befanden?**

10. **Was verspricht Jesus im Evangelium der Gnade, uns zu geben? Was hat das mit unserer Wiederherstellung zu tun?**

Und es gibt noch mehr. Als unser Herr in der Synagoge in Nazareth stand, wurde ihm das Buch Jesaja übergeben und er fand die Stelle, in der geschrieben stand: »Der Geist des Herrn ist auf mir, weil er mich gesalbt hat, den Armen frohe Botschaft zu verkünden; er hat mich gesandt, zu heilen, die zerbrochenen Herzens sind, Gefangenen Befreiung zu verkünden und den Blinden, dass sie wieder sehend werden, Zerschlagene in Freiheit zu setzen, um zu verkündigen das angenehme Jahr des Herrn« (Lk 4,18–19). Jetzt achte genau darauf, was unser Herr als Nächstes tat: »Und als er das Buch zutat, … fing [er] an, zu ihnen zu reden: Heute ist dieses Wort der Schrift erfüllt vor euren Ohren« (Lk 4,20–21 LUT).

11. Um zu verstehen, warum unser Herr das Buch Jesaja schloss, nachdem er diesen Abschnitt vorgelesen hatte: Was erkennen wir, wenn wir uns die Schriftstelle, aus der er zitierte, in ihrem volleren Zusammenhang ansehen?

»Das angenehme Jahr« unseres Herrn bezieht sich auf das Zeitalter, die Zeit und die Phase, in der wir leben. Wir sind nicht im Zeitalter des »Tages der Rache«. Dieser Tag wird kommen, und unser Herr wird wiederkommen, um Israel vor der totalen Vernichtung zu retten und die Erde zu richten. Doch das Zeitalter, in dem wir heute leben, ist das Zeitalter der Gnade. Wir befinden uns in dem Zeitabschnitt der Gnade.

12. Das griechische Wort für »angenehm« ist hier *dektos*. Was bedeutet es für uns, in der *dektos*-Zeit zu leben?

13. Wie bringt das Wissen, dass du dich in der *dektos*-Zeit befindest, deinem Herzen gerade jetzt Ruhe?

14. Wie beeinflusst das Wissen, dass du dich in der *dektos*-Zeit befindest, das, was du heute von Gott in einem bestimmten Anliegen erwarten kannst?

Wir sind soeben Zeugen davon geworden, wie präzise unser Herr darin ist, Gottes Wort richtig zuzuordnen. Sobald er das *dektos*-Jahr verkündet hatte, schloss er das Buch. Er verkündete, dass

Jesajas Prophezeiung genau in diesem Moment in Nazareth erfüllt werde. Das Zeitalter der Gnade war gekommen. Er vermischte den alten Bund des Gesetzes nicht mit dem neuen Bund der Gnade.

15. Was passiert, wenn jemand den Bund des Gesetzes mit der Gnade vermischt?

16. Wenn du lernst, Gottes Wort richtig zuzuordnen, wie der Apostel Paulus es seinem jungen Lehrling Timotheus in 2. Timotheus 2,15 auftrug, wirst du sehen, wie die Gnade des Herrn, seine Liebe und seine Sicherheit jeden Bereich deines Lebens überfluten. Welche erstaunlichen Folgen entdeckst du in Valeries Zeugnis auf den Seiten 367–368, als sie allmählich lernte, wie man Gottes Wort richtig unterscheidet?

Denk daran, die Revolution der Gnade ist eine Revolution der Wiederherstellung. Jesus schloss das Buch! Das ist das Zeitalter der herrlichen Gnade! Das ist deine Zeit, um in Freiheit, Frieden, Wiederherstellung und Freude zu leben – im angenehmen Jahr des Herrn!

KAPITEL 19

LEBE IN VOLLER GEWISSHEIT DES GLAUBENS

Das *Jetzt-Wort* für die Revolution der Gnade ist in Jeremia 23,4 zu finden, wo der Herr sagt: »Und ich werde Hirten über sie setzen, die sie weiden sollen; sie werden sich nicht mehr fürchten noch erschrecken müssen, auch soll keines vermisst werden!« Das geschieht gerade in der ganzen Welt. Gott setzt Hirten ein, die für seine Schafe sorgen, sie pflegen und sie weiden, statt sie zu schlagen, ihnen zu drohen oder sie einzuschüchtern. Wie wir gesehen haben, ist die Revolution der Gnade eine Revolution der Wiederherstellung all dessen, was der Feind gestohlen hat – deine Gesundheit, deine Versorgung, deine Zuversicht und selbst deinen Sinn und deine Bestimmung im Leben. Unser Vater im Himmel wird es dir zurückgeben und dich von innen heraus wiederaufbauen.

1. **Begeistert es dich zu wissen, dass wir in den Tagen leben, über die Jeremia 23 (NKJV) spricht? Was sind die Bereiche, in denen du dich *nicht fürchten*, *nicht bestürzt sein* und *keinen Mangel* erleben möchtest?**

2. **Nimm dir einen Moment Zeit, um Marcus' Zeugnis der Wiederherstellung auf Seite 371 zu lesen, darüber zu staunen und dich davon inspirieren zu lassen. Welches Bild von Gott und Heilung hatte er, bevor er durch das Evangelium der Gnade unserem Herrn Jesus begegnete?**

Nachdem Marcus entdeckte, was unser Herr Jesus am Kreuz für ihn getan hatte, und vor allem, dass Jesus ihn liebte, selbst wenn er versagt hatte, erfuhr er die überreichlich vorhandene Gunst Gottes in jedem Bereich seines Lebens. Er erzählte, dass es »so ein großer Trost und eine solche Gewissheit« war – eine sehr passende Wortwahl, *weil die Revolution der Gnade eine Revolution der Gewissheit und des Friedens ist.* Das Evangelium des Friedens füllt auch die innersten Winkel unserer unruhigen Herzen mit tiefem Schalom-Frieden, Trost und tiefer Ruhe (siehe Röm 10,15).

3. **Nimm dir etwas Zeit, um über diese Bibelstelle nachzudenken: »So lasst uns hinzutreten mit wahrhaftigem Herzen in voller Gewissheit des Glaubens, die Herzen besprengt und damit gereinigt vom bösen Gewissen und den Leib gewaschen mit reinem Wasser« (Hebr 10,22). Worüber möchte unser himmlischer Vater uns absolute Gewissheit geben?**

Was also ist die Grundlage, auf der wir stehen können, um die »volle Gewissheit des Glaubens« zu haben? In Hebräer 10 finden wir drei Komponenten, die zusammenwirken, um uns diese volle Gewissheit des Glaubens zu geben. Ab Seite 377 kannst du mitverfolgen, wie Hebräer 10 Vers für Vers durchgegangen wird. Bitte lies diese Seiten im Buch sorgfältig durch, da wir die Hauptpunkte hier im Arbeitsbuch behandeln werden.

Hebräer 10 macht deutlich, dass das Gesetz und alle seine verschiedenen Opfer Schatten der greifbaren Wirklichkeit – unseres Herrn Jesus Christus – waren. Sein vollkommenes Opfer am Kreuz ist das einzige Opfer, das alle unsere Sünden ein für alle Mal wegnehmen konnte (siehe Hebr 10,4.10). Denk immer daran: Unter dem ersten Bund *disqualifiziert das Gesetz dich immer, sobald du in irgendeinem Punkt versagst.*

4. **Die erste Komponente ist der *Wille des Vaters.* Was sagt Hebräer 10,9 uns darüber, was der Wille des Vaters ist?**

Unser Herr Jesus, die Gnade in Person, kam und qualifizierte uns, indem er unsere Sünde am Kreuz auf sich nahm! Er hob den ersten Bund (der Gottes Volk disqualifizierte) auf, um den zweiten einzusetzen – den neuen und besseren Bund der Gnade. Halleluja!

Hebräer 10,11–12 sagt weiter, dass »jeder Priester« unter dem alten Bund »da [steht] und täglich den Gottesdienst [verrichtet] und oftmals dieselben Opfer dar[bringt], die doch niemals Sünden hinwegnehmen können; Er aber hat sich, nachdem er ein einziges Opfer für die Sünden dargebracht hat, das für immer gilt, zur Rechten Gottes gesetzt.« Weil die Arbeit der alttestamentlichen Priester nie beendet war, verharrten sie stehend und verrichteten täglich den Gottesdienst und brachten ein Opfer nach dem anderen dar, das die Sünden niemals wegnehmen konnte. Das Werk unseres Herrn auf der anderen Seite entfernte unsere Sünden auf so vollkommene Weise ein für alle Mal, dass er sich zur Rechten des Vaters setzen konnte. Das ist die zweite Komponente – das *Werk des Sohnes.*

5. **Durch sein einmaliges Opfer am Kreuz *beendete* unser Herr *auf vollständige Weise* das Werk, das darin bestand, *alle* unsere Sünden wegzunehmen, damit wir – selbst wenn wir versagt haben – ungehindert zum Vater kommen können, um von ihm Barmherzigkeit und Gnade zu empfangen und so über unser Versagen zu herrschen. Inwiefern erfüllt dies dein Herz heute mit Stärke und Hoffnung?**

Deine Sicherheit findest du heute im Werk des Sohnes. In Christus ist dir vergeben und bist du gerecht gemacht *ein für alle Mal* durch sein Blut.

Wir wollen kurz zusammenfassen. Die erste Komponente, die uns die Grundlage gibt, auf der wir stehen können, um die »volle Gewissheit des Glaubens« zu haben, ist der *Wille des Vaters.* Die zweite ist das *Werk des Sohnes.* Und jetzt, in Hebräer 10,15.17 (ELB), kommen wir zur dritten Komponente – dem *Zeugnis des Heiligen Geistes,* der uns bezeugt: »Ihrer Sünden und ihrer Gesetzlosigkeiten werde ich nicht mehr gedenken.« Alle drei Personen der Gottheit – der Vater, der Sohn und der Heilige Geist – sind daran beteiligt, uns in Bezug auf die Vergebung unserer Sünden Gewissheit des Glaubens zu geben.

6. **Der Heilige Geist, die dritte Person der Gottheit, wohnt heute in allen Gläubigen. Welche grundlegende Wahrheit soll er, der Geist der Wahrheit und der Tröster, dir *bezeugen*?**

7. **Wir haben den Heiligen Geist, der uns den *Willen des Vaters* und das *Werk des Sohnes bezeugt*. Inwiefern gibt dir das Glaubensgewissheit?**

8. Wenn wir vom Heiligen Geist geführt werden, woran erinnert er uns beständig und was sichert er uns fortwährend zu?

9. Sprüche 24,16 sagt: Selbst wenn der Gerechte siebenmal fällt, steht er doch wieder auf. Woher kommt die Kraft, aufzustehen?

Nimm dir kurz Zeit, um über die Aufgaben des Heiligen Geistes nachzudenken, die in Johannes 16,8–11 genannt werden: »Und wenn jener [der Heilige Geist] kommt, wird er die Welt überführen von Sünde und von Gerechtigkeit und vom Gericht; von Sünde, weil sie nicht an mich glauben; von Gerechtigkeit aber, weil ich zu meinem Vater gehe und ihr mich nicht mehr seht; vom Gericht, weil der Fürst dieser Welt gerichtet ist.«

10. Wenn jemand auf Grundlage dieser Verse sagt, eine der Aufgaben des Heiligen Geist bestehe darin, Gläubige von Sünde zu überführen, inwiefern gibt er diese Bibelstelle falsch wieder?

11. Bevor wir von neuem geborene Gläubige wurden, überführte der Heilige Geist uns von der Sünde, nicht an Christus zu glauben. Welche wichtige Information finden wir in Johannes 16,8–11, die uns darüber aufklärt, wovon der Heilige Geist uns überführt, sobald wir Gläubige werden?

12. Wenn du in dem *Willen* des Vaters, dem *Werk* des Sohnes und dem *Zeugnis* des Heiligen Geistes gegründet bist, wirst du die volle Gewissheit des Glaubens erleben, von der Hebräer 10,22 spricht. Die Revolution der Gnade ist das Ende der Unsicherheit, der ständigen Angst und des ewigen Fragens, ob du wohl genug für Gott getan hast. Auf der Grundlage

dessen, was du in diesem Kapitel gelernt hast, nimm dir einen Moment, um darüber nachzudenken, wie du anfangen kannst, jeden Tag in der vollen Gewissheit des Glaubens zu leben, mit der du dich Gott in Kühnheit nahen kannst.

Du Geliebter und Gerechter, mach dich bereit, heute deinen Durchbruch und deine Wiederherstellung in Christus zu empfangen!

KAPITEL 20

DIE REVOLUTION DER GNADE IST DA

In Jeremia 23,4 sehen wir die Botschaft, die zur Zeit der Revolution der Gnade gepredigt werden soll. Unser oberster Hirte zeigte mir: Wenn Pastoren und Leiter das unverfälschte Evangelium der Gnade predigen, werden ihre Herden »sich nicht mehr fürchten noch bestürzt sein noch soll es ihnen mangeln«. Das sind die Segnungen der Gnade Gottes, die du in deinem Leben erfahren solltest, wenn du dich unter der von Gott eingesetzten Leiterschaft befindest.

Als der Herr mit mir darüber sprach, womit ich sein Volk zu dieser Zeit nähren sollte, gab er mir Jeremia 23,5–6 (ELB): »Siehe, Tage kommen, spricht der HERR, da werde ich dem David einen gerechten Spross erwecken. Der wird als König regieren und verständig handeln und Recht und Gerechtigkeit im Land üben. In seinen Tagen wird Juda gerettet werden und Israel in Sicherheit wohnen. Und dies wird sein Name sein, mit dem man ihn nennen wird: ›Der HERR, unsere Gerechtigkeit‹.«

1. **Die Offenbarung der Revolution der Gnade ist »Der HERR, unsere Gerechtigkeit«! Im Hebräischen steht dort *Jahweh Zidkenu*. Wenn du erkennst, wer deine Gerechtigkeit ist, wird sich dein Leben verändern! Welche drei Auswirkungen wirst du erleben, wenn du (ausgehend von den obengenann-**

ten Bibelversen) die Offenbarung »Der HERR, unsere Gerechtigkeit« glaubst und darin wächst?

Johannes 4 dokumentiert, wie unser Herr am Brunnen der Frau aus Samaria begegnete – einer gebrochenen Frau, die fünf Scheidungen hinter sich hatte und nun mit einem Mann zusammenlebte, der nicht ihr Ehemann war. Gegenüber dieser Frau, die sich in einen sündigen Lebensstil verstrickt hatte, gebrauchte der Herr eine alltägliche Sprache und einfache, praktische Beispiele, um ihr behutsam ihre Würde zurückzugeben und ihr gebrochenes Leben wiederaufzubauen. Am Ende ihrer Begegnung mit Jesus war diese Frau aus Samaria durch die Liebe und Gnade des Herrn völlig verändert und verwandelt. Nachdem sie Jesus begegnet war, wurde sie zu einer Evangelistin in ihrer Stadt, die herumging und sagte: »Kommt, seht einen Menschen, der mir alles gesagt hat, was ich getan habe!« (Joh 4,29) und »aus jener Stadt … glaubten viele Samariter an ihn um des Wortes der Frau willen« (Joh 4,39).

2. **Wie sieht es bei dir aus? Was wirst du mit dem Evangelium der Gnade und mit der Person Jesu tun, der dir in diesem Buch vorgestellt wurde?**

Heute wird die Revolution der Gnade von solch wertvollen Menschen wie dieser Frau am Brunnen angeführt – unvollkommenen Menschen, deren Leben nach einer echten Begegnung mit unserem Herrn Jesus Christus verwandelt und wiederhergestellt wurde. Nachdem sie seine überfließende Gnade und sein Geschenk der Gerechtigkeit selbst geschmeckt haben, ist ihr Leben nie wieder dasselbe und sie können nicht anders, als zu verkünden: »Kommt, seht einen Menschen!«, und Menschen auf den Retter hinzuweisen!

3. **Warum solltest du dich von niemandem einschüchtern lassen, der hochtrabende theologische Worte gebraucht, weil er damit das Evangelium der herrlichen Gnade abzutun versucht?**

4. **Edwinas Zeugnis auf Seite 404 enthält viele Gemeinsamkeiten mit der Geschichte der Frau aus Samaria. Was hinterließ bei Edwina den größten Eindruck, als sie erstmals das Evangelium der Gnade hörte und Jesus begegnete (was genau das ist, was auch die Frau am Brunnen erlebte)?**

5. **Welche wunderbare Ermutigung können wir daraus ziehen, dass unser Herr zu der Frau aus Samaria so freundlich war?**

Die Wahrheit ist: Du *bist*, genau jetzt, die Gerechtigkeit Gottes durch das kostbare Blut Jesu. Du kannst eine echte und innige Beziehung mit dem Herrn haben, denn wenn du deine Sünden bekennst, tust du das nicht, *damit dir vergeben wird*; du bekennst deine Sünden, weil du weißt, dass dir *bereits vergeben wurde* und dass du dich mit DEM HERRN, DEINER GERECHTIGKEIT unterhältst. Das ist ein gewaltiger Unterschied!

6. **Manche Menschen sagen, Gnade sei grundlegend und gut für Neubekehrte, aber man müsse in »fortgeschrittene« Dinge wie Heiligkeit und Buße hineinreifen. Was ist laut Galater 4,1–7 und Hebräer 5,13 die Offenbarung, die einen reifen Sohn oder eine reife Tochter Gottes ausmacht?**

Petrus' Beziehung zu dem Herrn Jesus zeigt im Laufe der Jahre die wahre Reife, die Gott sich für uns wünscht – eine wachsende Offenbarung der Gnade und Vergebung des Herrn. In Kapitel 2 haben wir in einer der ersten Begegnungen, die Petrus mit dem Herrn hatte (siehe Lk 5,8), gesehen, dass er sich am meisten der Heiligkeit des Herrn, und nicht seiner Liebe, bewusst war, die im Gegensatz zu seiner eigenen unwürdigen Sündhaftigkeit stand. Dem folgte Petrus' Jüngerschaft und Nähe zu Jesus sowie seine Wiederherstellung und tiefe Gewissheit von Jesu Liebe, nachdem Petrus den Herrn verleugnet hatte (siehe Lk 22,34).

7. **In Johannes 21 sehen wir nun, dass der Herr Petrus dieses Mal zum *Dienst* wiederherstellte. Was brachte Petrus dazu, ins Wasser zu springen und auf Jesus zuzuschwimmen? War es die Heiligkeit des Herrn oder dessen Gnade?**

So viele Menschen weltweit erleben in der Revolution der Gnade das, was auch Petrus erlebte. Sie empfangen eine Wiederherstellung der Gewissheit, dass sie zuversichtlich in den Thronsaal der Gnade vor ihren Herrn kommen können, selbst wenn sie versagt haben!

8. **Denke darüber nach, dass der Herr selbst deine Gerechtigkeit ist – heute und in alle Ewigkeit. Gibt das deinem Herzen Frieden, Gewissheit, Glauben und Zuversicht? Warum? Wie siehst du dein Leben und deine Zukunft, da du dies nun weißt?**

Mein Freund, bei der Revolution der Gnade geht es nicht um eine Bewegung, eine Lehre oder einen Glaubenssatz. Sie dreht sich nur um unseren Herrn Jesus. Er ist es, der zu seiner Ehre die von innen heraus stattfindende Verwandlung unzähliger Menschenleben bewirkt. Er ist es, der Gottes Viel-mehr-Wiederherstellung herbeiführt und damit vergeudeten Jahren, verlorener Gesundheit, entfremdeten Beziehungen und zerplatzten Träumen ein Ende bereitet und stattdessen frische neue Anfänge bewirkt.

In unserem systematischen Studium der Wahrheiten, die wir durch die fünf Schlüssel in *Die Revolution der Gnade* herausgearbeitet haben, bete ich, dass du es genossen hast, in deiner Offenbarung unseres wunderschönen Herrn Jesus und seiner herrlichen Gnade zu wachsen. Ich hoffe, dass deine Überlegungen zu den Inhalten dieses Buches dir die Augen geöffnet haben, um seine Liebe und Gnade für dich zu sehen, und dir die Zuversicht gegeben haben, dich dank allem, was er am Kreuz für dich getan hat, dem Leben zu stellen.

Da du dieses Arbeitsbuch nun durchgegangen und an dessen Ende angelangt bist, bete ich, dass die kraftvollen Wahrheiten über Gottes Vergebung und das Geschenk der Gerechtigkeit tief in dein Herz sinken, dich in der Sicherheit deiner ewigen Errettung gründen und von jeder Art von Niederlage befreien werden. Vor allem hoffe ich, dass diese Reise, auf die du dich begeben hast, dich dazu befreit, die engste, liebevollste Beziehung mit deinem himmlischen Vater zu haben, die du dir jemals wünschen könntest. Und dass du bereits jetzt erlebst, wie entzückend es ist, dich in unseren Herrn Jesus zu verlieben, indem du dich auf seine Liebe zu dir einlässt, und du die Revolution der Gnade schon persönlich erlebst. Mein Freund, während du fortlaufend seine Gnade für dich empfängst, erwarte, dass dein Denken kontinuierlich erneuert, dein Körper geheilt und dein Leben von seiner wundervollen Gegenwart, seinem Frieden und seinem Sieg durchtränkt wird!

ANTWORTEN

KAPITEL 1

2. Dean wurde klar, dass es bei der Gnade nicht darum geht, was er verdient hat, sondern ausschließlich um Gottes Liebe und um die nicht erarbeitete, unverdiente Gunst, die Gott so großzügig verschenkt, ohne irgendetwas dafür einzufordern.

3. Dean war voller Schuldgefühle und glaubte, es sei Gottes Wille, dass er für seine Fehler und sein wiederholtes Versagen litt und seine eigene Strafe trug, und dass er wegen dieser Fehler in seinem Leben niemals Liebe, Gunst und Annahme erfahren würde.

4. Dean stellte fest: »… dass es nur eine Sache gab, die ich tun musste: mich auf das vollbrachte Werk Jesu am Kreuz zu konzentrieren und meine Augen und Ohren offenzuhalten für sein Evangelium, die frohe Botschaft der Gnade … Ich … verstand, … wie diese Wahrheit uns befreit. Ich begann zu verstehen, dass Gnade unverdiente Gunst ist und dass es nichts gab, was ich jemals tun konnte, um mir diese unverdiente Gunst in meinem Leben zu erarbeiten oder wiederherzustellen – unabhängig von meinen Sünden oder von meinen Anstrengungen, Dinge in Ordnung zu bringen. Ich fing an zu verstehen, dass ich höchst begünstigt bin

und dass ich in die geliebte Familie meines Herrn aufgenommen worden war.«

UNTER DEM GESETZ	UNTER DER GNADE
Ich konzentriere mich darauf, was ich für Gott erreichen muss.	Ich konzentriere mich darauf, was **Jesus** für mich erreicht hat.
Mein Ungehorsam disqualifiziert mich.	**Jesu Gehorsam** qualifiziert mich.
Ich werde nur durch meine Werke gerecht gemacht (bzw. gerechtfertigt). / Ich werde nur dann gerecht gemacht (bzw. gerechtfertigt), wenn ich das Richtige tue.	Ich werde gerecht gemacht bzw. aus Glauben gerechtfertigt, wenn ich das Richtige glaube.
Das Gesetz fordert Gerechtigkeit von mir, weshalb ich mir dessen Forderungen permanent bewusst bin.	Ich kann mir der Versorgung Gottes bewusst sein, weil **Jesus** mir Gerechtigkeit als ein Geschenk **zur Verfügung stellt**.

8. Gottes Wort ist so eindeutig: Wenn du unter der Gnade bist und nicht unter dem Gesetz, wird die Sünde NICHT über dich herrschen. Du kannst genauso wenig unter der Gnade und dabei nicht heilig sein, wie du unter Wasser und gleichzeitig nicht nass sein kannst! Unter der Gnade zu sein gibt dir die Kraft, ein siegreiches Leben zu führen.

KAPITEL 2

1. Petrus war völlig überwältigt von dem beispiellosen Fischzug, den der Herr ihm und seiner Mannschaft gab. Er hatte sich nicht vorstellen können, einen so großen Fang einzubringen, weshalb er nur ein Netz ausgeworfen hatte. Was Petrus sah, brachte ihn dazu, vor Jesus auf die Knie zu gehen und auszurufen: »Herr, geh weg von mir! Ich bin ein sündiger Mensch« (Lk 5,8 LUT). Die unverdiente Güte Gottes zu erfahren, leitete ihn zur Umkehr.

2. *Gottes Segen* in Gestalt einer riesigen Ladung Fische (nachdem Petrus in der Nacht zuvor nichts gefangen hatte) kam zuerst. Das zeigt uns: Unter dem neuen Bund der Gnade segnet Gott uns zuerst, und seine Segnungen, seine Gunst und seine überfließende Liebe leiten uns dann zur Umkehr (siehe Röm 2,4)!

3. Niemand versucht sich zu reinigen, bevor er ein Bad nimmt. Jesus *ist* das Bad! Er ist der Retter. Komm zu ihm mit allen deinen Unzulänglichkeiten, allen deinen Süchten, allen deinen Angewohnheiten und allen deinen Macken, und lass ihn tun, was er am besten kann. Lass ihn dich retten und wiederherstellen, um heil zu sein!

4. *Teschubah* bedeutet: »Wegen des Kreuzes Jesu, kehre zurück zur Gnade.« Bei der Buße geht es ausschließlich darum, zu Gottes Gnade zurückzukommen, weil er im Kreuz Jesu seine Güte gezeigt hat. Es geht nicht darum, zu dem Gesetz Moses zurückzukehren. Es geht darum, sich dem Kreuz zuzuwenden und zu Gottes Gnade zurückzukommen. Seine Gnade ist deine Quelle der Kraft und Macht über jede Sünde.

5. Tue Buße, indem du dich dem Kreuz zuwendest (dort siehst du, dass dieser Fehler im Körper Jesu bestraft wurde), und kehre zurück zu Gottes Gnade, indem du seine unverdiente Gunst empfängst, um diese Schwäche zu überwinden.

7. Gottes Wort verkündigt, dass »die Sünde nicht herrschen [wird] über euch, weil ihr nicht unter dem Gesetz seid, sondern unter der Gnade« (Röm 6,14). Echte Gnade verschlingt die zerstörerischen Mächte der Sünde. Der biblische Weg, damit Menschen die Macht der Sünde überwinden, besteht in Gottes herrlicher Gnade. Sie werden nur dann befreit und verwandelt, wenn sie der Liebe ihres Retters begegnen!

8. Wenn das Leben eines Menschen von Jesu bedingungsloser Liebe und seinem Opfer berührt wurde, werden sie einen Ausweg aus der Sünde und ihren zerstörerischen Konsequenzen suchen. Sie werden keine Möglichkeiten oder Vorwände zum Sündigen finden wollen. Durch die Kraft unseres Herrn und Retters, Jesus Christus, werden Menschen nicht länger von Sünde beherrscht, und echte Buße findet statt, wenn sie das Evangelium der Gnade empfangen und glauben! Die *Gnade* ist die Wahrheit, die Menschen *befreit* (siehe Joh 8,32).

9. Robert sagte: »Ich hörte mir eine Predigt an, in der Pastor Prince darüber sprach, dass die Lösung darin liege, den Versuch, auf eigene Faust siegen zu wollen, aufzugeben und dem Herrn einzugestehen: ›Herr, ich kann nicht, aber du kannst.‹ Das wurde mein Motto und ich hörte mit dem Versuch auf, das Tabakkauen aufzugeben. Ich war nicht länger unter Schuldgefühlen und Verdammnis begraben. Obwohl ich mit dieser Tabakgewohnheit kämpfte, glaubte und bekannte ich, dass Gott mich trotzdem nicht weniger liebte und dass ich das vollbrachte Werk Jesu immer noch für mich in Anspruch nehmen konnte.«

10. Zu dem Zeitpunkt, als Robert sein Zeugnis schrieb, übte er sich darin, jedes Mal, wenn das Verlangen nach Tabak aufkam, zum Kreuz und zur Gnade zurückzukommen. Er berichtete: »Ich sage dem Herrn, dass ich seine Gnade kenne und dass das, was

er für mich hat, viel besser ist als Tabak – und das Verlangen verschwindet.«

12. Wenn du versucht hast, eine Gewohnheit aufzugeben, wende dich dem Kreuz zu und komm zurück zu den Wahrheiten der Gnade Gottes: Das, was unser Herr Jesus am Kreuz für dich getan hat, ist so viel größer als all dein Versagen, und dank seines vollkommenen, vollbrachten Werks bist du immer noch innig geliebt, höchst begünstigt und überreich gesegnet. Wenn du dein Herz von dieser Offenbarung der Gnade Gottes immer wieder überschwemmen lässt, kannst du gar nicht anders, als wertzuschätzen, was der Herr für dich getan hat und wie seine Gnade dich dafür ausgesondert hat, zu seiner Ehre zu leuchten. Du wirst nicht in der Sünde bleiben wollen. Stattdessen wirst du feststellen, dass seine Kraft in dir bewirkt, zunehmend jede Sünde überwinden zu können, die dich bisher in der Niederlage gefangen gehalten hat. Du wirst in einen Aufschwungzyklus des dauerhaften Sieges kommen!

KAPITEL 3

1. »Und warum sorgt ihr euch um eure Kleider? Schaut die Lilien an und wie sie wachsen. Sie arbeiten nicht und nähen sich keine Kleider. Trotzdem war selbst König Salomo in seiner ganzen Pracht nicht so herrlich gekleidet wie sie. Wenn sich Gott so wunderbar um die Blumen kümmert, die heute aufblühen und schon morgen wieder verwelkt sind, wie viel mehr kümmert er sich dann um euch?« (Mt 6,28–30 NLB). Diese barmherzigen Worte von Jesus fachten die glimmende Hoffnung in dem Mann neu an.

2. Der leprakranke Mann hörte, dass Gott sich in Wirklichkeit für ihn interessierte und sich um ihn kümmerte. Zum ersten Mal seit Jahren fragte er sich: *Ist das möglich? Dass Gott mein Vater*

sein will? Ein himmlischer Vater, der mich viel besser kleidet als die Lilien, die ohnehin schon besser gekleidet sind als Salomo in seiner ganzen Pracht – wenn ich mein Vertrauen auf ihn setze? Ist es möglich, dass Gott sich mit Freundlichkeit, Annahme und Liebe nach mir ausstreckt und mich dazu einlädt, seine Güte zu kosten und zu empfangen?

3. Elektrisiert von der Hoffnung, die die unüberhörbare Barmherzigkeit in der Stimme Jesu in ihm weckte, kroch der Mann genau in dem Moment aus seinem behelfsmäßigen Unterschlupf hervor, als Jesus seine Rede beendete. Jeder Gedanke daran, verborgen zu bleiben, war verschwunden. Er wollte einfach nur zu Jesus gehen und ihn bitten, seine Krankheit wegzunehmen.

4. Jesus kam bereits direkt auf ihn zu. Anstatt nach der Predigt direkt zu der Menge zu gehen, hatte der Herr einen anderen Weg eingeschlagen, um auf den einsamen, geplagten Mann zuzugehen, als hätte er bereits alles über die Not des Mannes und seinen Aufenthaltsort gewusst.

5. Ohne zu zögern streckte Jesus seine Hand aus und berührte ihn. »Ich will«, sagte er. »Sei gereinigt!« Und in diesem Moment umschloss den völlig wiederhergestellten Körper des Mannes von Kopf bis Fuß glatte, makellose Haut. Er war gereinigt! Die Kraft Jesu hatte – in nur einem Augenblick – alle seine Unreinheit verschlungen und ihm sein Leben zurückgegeben!

6. In Römer 10,17 (ELB) steht: »Also ist der Glaube aus der Verkündigung [o. dem Gehörten], die Verkündigung [o. das Gehörte] aber durch das Wort Christi.« Weil der leprakranke Mann die Worte der Gnade gehört hatte – dass Gott sein liebender Vater sein und für alle seine Bedürfnisse sorgen wollte –, füllte sich sein Herz mit Glauben. Und das gab ihm die Zuversicht, sich dem Herrn zu nähern, um von ihm sein Wunder zu empfangen.

7. Darin kann der Unterschied liegen, ob du dein Wunder empfängst oder ob du im Mangel oder in Zwängen gebunden bleibst. Es kann dich Gott nahe bringen oder dich weiter von ihm wegtreiben. Glaube kommt aus dem Gehörten, aber auch Angst kommt aus dem Gehörten. Wenn du von einem Gott gehört hast, der überwiegend zornig ist und dich wegen deiner Sünde zur Verantwortung ziehen will, der Menschen (sogar Gläubigen) Krankheiten auferlegt und sie für ihre Sünden mit schrecklichen Unfällen bestraft, dessen Wille für dich und deine Familie ein Leben in Armut ist, damit du demütig bleibst, wie kannst du da darauf vertrauen, dass Gott überhaupt irgendetwas Gutes für dich hat?

8. Apostelgeschichte 10,38 sagt uns, dass Jesus »umherzog und Gutes tat und alle heilte, die vom Teufel überwältigt waren; denn Gott war mit ihm.« Das zeigt uns: Gott will uns Gutes tun, nicht Böses!

9. Jesus sagte: »Wer mich gesehen hat, der hat den Vater gesehen« (Joh 14,9). Er ist Gottes Wille in Aktion, und er zog umher und tat *Gutes* – er rettete, befreite, heilte, stellte wieder her, versorgte, leitete und liebte die Unliebsamen. So ist unser Gott! Das ist Gottes Herz dir gegenüber!

10. Höre dir weiterhin Botschaften an, die voll der Gnade und des vollbrachten Werkes unseres Herrn Jesus sind, so wie auch der Apostel Paulus es verkündigte. Das wird in dir Glauben und Hoffnung bewirken (siehe Apg 14,7–9). Höre dir weiterhin an, dass alle deine Sünden durch Christus vergeben wurden und dass du heute die Gerechtigkeit Gottes in Christus bist. Höre dir weiterhin an, wie sehr Gott dich liebt und dein liebender Vater sein will, der über dich wacht, dich versorgt und aus allen deinen Ängsten und Nöten befreit. Gottes Liebe zu dir zu kennen, wird dich dazu bringen, zu ihm zu laufen, anstatt dich vor ihm zu verstecken. Seine

Liebe, die bei und in dir ist, wird dich stark machen und dazu führen, dass du jede Versuchung und Angst überwindest.

11. Calli sagte: »Gesetzliche Lehren [hatten] dazu geführt, dass ich glaubte, meine Sünde sei größer als die Gnade unseres Herrn Jesus Christus und als sein vollbrachtes Werk am Kreuz. Als Folge davon lebte ich in der ständigen Angst, ich würde jedes Mal, wenn ich sündigte, meine Errettung verlieren. Meine Vergangenheit verfolgte mich und ich konnte ihr scheinbar nie davonlaufen, weil der Schmerz mich einfach überwältigte.«

12. Calli sagte, dass die Gemeinden eine »Mitgefühlserschöpfung« entwickelten und genug davon hatten, für sie zu beten. Ihr wurde sogar gesagt: »Vielleicht ist deine Schizophrenie dein Kreuz, das du tragen musst.« Da sie das Gefühl hatte, dass man sie aufgegeben hatte und dass sie »ausgestoßen und wie ein geprügelter Hund in der Gemeinde« war, tauchte sie tiefer in ihren sündigen Lebensstil ein. Die Antwort des Herrn darauf bestand darin, sie an seine Liebe zu erinnern und daran, dass sie sein ist, dass er sie gehalten und darauf gewartet hatte, dass sie sich ihm zukehrt und seine Stimme hört.

14. »Die Menschen, die ihren Gott kennen, werden stark sein und große Heldentaten vollbringen.«

15. Wachse weiter in der Erkenntnis von Gottes Gnade und Barmherzigkeit dir gegenüber, indem du immer mehr darüber hörst. In Daniels Geschichte sprach der Herr ihn durch einen Engel als »vielgeliebten Mann« an (Dan 10,11). Je mehr du also über Gottes Liebe zu dir hörst und ihr vertraust, desto mehr wirst du dein Leben in Kühnheit und mit einem anderen, vortrefflichen Geist führen, der dich von anderen abhebt und Gottes Kraft in deinem Leben bezeugt.

16. David kannte Gott als einen Gott, der ihn liebte und der sich an seinen eigenen Bund hielt. David wurde wahrscheinlich

jedes Mal an Gottes Liebe zu ihm erinnert, wenn jemand seinen Namen rief, denn David bedeutet »Geliebter«, der von Gott Geliebte. David wurde ein so wunderbarer Mensch, weil er sich bewusst war, wie sehr Gott ihn liebte. Sogar als David versagte, war es seine Offenbarung darüber, dass er immer noch von Gott geliebt war, die ihn aufrechterhielt.

17. Das griechische Wort »Erkenntnis« ist hier *epignosis*, was sich darauf bezieht, mit dem Herzen zu erfahren, wie und wer Gott ist, und nicht auf ein rein verstandesmäßiges Wissen von Fakten über ihn. Es ist eine Erkenntnis, die man durch eine innige und persönliche Beziehung mit Gott gewinnt. Mit anderen Worten: Wenn du immer wieder hörst, bis du *in deinem Herzen* erkennst, dass der Herr dich liebt und für dich ist, wirst du seine unverdiente Gunst und seinen übernatürlichen Frieden in dem Bereich deiner Herausforderungen erfahren. Dann wirst du erleben, dass seine Stärke, Weisheit und Versorgung dir auf konkrete Weise immer reichlicher zuteilwerden.

18. Gott sagte zu Gideon: »Der HERR ist mit dir, du tapferer Held! … Ich werde mit dir sein, und du wirst Midian schlagen wie einen einzelnen Mann« (Ri 6,12.16 ELB). Als er anfing zu erkennen, wie der Herr ihn sah, und glaubte, dass der Herr mit ihm und für ihn war, erfüllte er seine Bestimmung! Wenn du immer wieder hörst, dass dich aufgrund von Jesu Opfer und vollbrachtem Werk nichts von Gottes Liebe trennen kann, und du weißt, wer du in Christus bist, und du an Gottes Liebe zu dir glaubst, wirst du stark werden und erleben, wie Gott in dir und durch dich wunderbare Dinge tut.

KAPITEL 4

1. Da Joni unter gesetzlicher Lehre aufwuchs, sah sie Gott immer als eine weitere Autoritätsfigur in ihrem Leben, die liebend gerne auf ihre Fehler hinwies.

2. Joni sagte: »Ich fing an zu wiederholen ›Ich bin gerecht in Christus‹, obwohl das SO weit davon entfernt war, wie ich mich zu dem Zeitpunkt fühlte. Als ich weiterlas, … fing [ich] an zu sehen, worum es Papa-Gott wirklich ging – um Frieden, Liebe, Glaube, Wahrheit und am meisten um VERGEBUNG! Ich entdeckte, dass meine Sünden mit seinem Sohn an diesem Kreuz hingen, damit ich all mein Versagen hinter mir lassen konnte. Ich musste es nicht mehr mit mir herumschleppen … Ich ruhe einfach nur in Christus! Ich muss nicht für ihn arbeiten, damit er mich liebt. Ich krabble einfach auf seinen Schoß und lasse zu, dass er mich liebt.«

4. In Römer 4,7–8 (NLT) sagte David: »Oh, welch Freude für die, deren Ungehorsam vergeben ist, deren Sünden außer Sichtweite geräumt wurden. Ja, welch Freude für die, deren Sündenverzeichnis der HERR gelöscht hat.«

5. Es führt zu allen möglichen Unsicherheiten, Ängsten und zerstörerischen Zwängen. Angst und Unsicherheit können in einer gesunden Beziehung mit Gott nicht bestehen. In einer Ehe ist es zum Beispiel so: Wenn eine Frau sich der Liebe ihres Mannes nie sicher ist, wird sie aus ihrer Ehe weder Kraft schöpfen noch darin Freude finden. Diese Ehe wird mit der Zeit zerfallen, anstatt aufzublühen. In gleicher Weise will unser himmlischer Vater nicht, dass wir in ständiger Unsicherheit gefangen sind, weil wir uns unserer Vergebung nie sicher sind.

6. Natürlich nicht! Obwohl für die Sünden eines jeden bezahlt wurde, muss jeder Einzelne, um gerettet zu werden, für sich selbst

die Entscheidung treffen, die Vergebung aller seiner Sünden zu empfangen, indem er Jesus als seinen persönlichen Herrn und Retter annimmt. Jesus ist der einzige Weg zur Rettung. Es gibt keinen anderen Weg außer Jesus und sein vergossenes Blut und seine Auferstehung. Um errettet zu werden, musst du mit deinem Mund bekennen, dass Jesus dein Herr ist, und in deinem Herzen glauben, dass Gott ihn von den Toten auferweckt hat.

7. Sie sagt uns, dass Christus auferweckt wurde! Und weil er auferweckt wurde, bist du laut dieser Bibelstelle nicht mehr in deinen Sünden. Jesu Auferstehung ist der lebende Beweis dafür, dass alle deine Sünden vollständig und vollkommen vergeben wurden.

8. Das alles geschieht aus Gnade durch Glauben.

9. In Gottes Augen bist du gerecht gemacht, wenn du deinen Glauben in Christus und sein Opfer für dich setzt. Durch Jesu Gehorsam wurden wir gerecht gemacht und von allen unseren Sünden freigesprochen. Die Rechtfertigung besteht darin, dass unser Herr Jesus alle Schuld und Strafe der Sünde entfernte und verkündete, dass wir durch sein vergossenes Blut gerecht gemacht wurden.

10. Glaube und lerne auszusprechen, dass du aus Gnade durch Glauben an Christus gerettet bist, dir vergeben wurde und du gerecht gemacht (gerechtfertigt) bist. Du wirst erleben, wie seine Gunst, seine Weisheit, seine Kraft und jeder Vorzug, den sein vollbrachtes Werk mit sich bringt, in deine Situation freigesetzt wird, um zu seiner Ehre alles zum Guten zu wenden.

11. Das Verb für »haben« steht in der griechischen Gegenwartsform, die auf eine andauernde Handlung hinweist. Das bedeutet wiederum, dass wir kontinuierlich Vergebung der Sünden haben, einschließlich jeder Sünde, die wir jemals begehen werden.

12. Hier wird für »vergeben sind« das griechische Perfekt verwendet, eine Zeitform, die anzeigt, dass diese Vergebung eine

endgültige Handlung ist, die in der Vergangenheit abgeschlossen wurde, und dass die Wirkung dieser Handlung bis in die Gegenwart fortbesteht. Das bedeutet, dass dir Gottes Vergebung in der Gegenwart von Nutzen ist und dieser Nutzen sich auch in deine Zukunft fortsetzt.

13. Das griechische Wort für »alle« ist *pas* und bedeutet »jede Art oder Sorte … die Gesamtheit der erwähnten Personen oder Dinge«. Es bezieht sich auf »jeder, alle, jede, jedes, alles«. »Alle« bedeutet also *alle*. Gottes Vergebung unserer Sünden umfasst *jede* Sünde – vergangene, gegenwärtige und zukünftige! Als wir den Herrn Jesus, unseren Retter, angenommen haben, haben wir auch die vollständige und vollkommene Vergebung aller unserer Sünden empfangen.

14. *Merriam Webster Online* beschreibt *Heiligung* als den »Zustand, in der göttlichen Gnade zu wachsen, infolge christlicher Hingabe nach der Bekehrung«. *Heiligung* ist in deinem Wachstum als Christ ein fortlaufender Prozess. Das bedeutet daher, je mehr du in deiner Beziehung mit dem Herrn Jesus wächst, desto heiliger wirst du in jedem Bereich deines Lebens.

15. In der Bibel sehen wir, dass der Apostel Paulus zu Timotheus sagte: »Sei stark in der Gnade, die in Christus Jesus ist« (2Tim 2,1). Auch der Apostel Petrus ermutigte in seinem letzten Brief die Gläubigen, eine feste Grundlage zu bauen, und zwar mit den folgenden Schlussworten: »Wachset aber in der Gnade und Erkenntnis unseres Herrn und Retters Jesus Christus!« (2Petr 3,18 ELB). Das geschieht, wenn du Predigten und Lehren hörst, die die Person Jesu und sein vollbrachtes Werk sichtbar machen.

KAPITEL 5

1. Sie sehnte sich nach einer tieferen, umfassenderen Erfahrung mit Jesus; einer Erfahrung, in der sie anhaltend überfließendes Leben genießen konnte. Vor allem wollte sie Jesus in Bezug auf die vollkommene Vergebung ihrer Sünden vollständig vertrauen können, Vertrautheit mit Gott genießen und sich ihrer Errettung felsenfest gewiss sein.

2. Frances verstand, dass das griechische Wort für »reinigt« in 1. Johannes 1,7 in der Gegenwartsform steht, was bedeutet, dass Jesu Blut, das vor zweitausend Jahren vergossen wurde, *anhaltend reinigt bzw. damit fortfährt, zu reinigen.* Sie sagte: »Es war dieses eine Wort ›reinigt‹, *das mir die Tür zur vollen Herrlichkeit der Hoffnung und Freude öffnete.* Ich hatte nie zuvor die Wirkung der Zeitform erkannt. Es ging hier um eine andauernde Gegenwart, stets in der Gegenwartsform, nicht um eine Gegenwart, die im nächsten Moment zur Vergangenheit wird. Das Blut fährt damit fort, zu reinigen, und mir fehlen die Worte, um auszudrücken, wie sehr mein Herz sich daran erfreut. Es ist nicht nur ein zur Quelle kommen, um darin gereinigt zu werden, sondern ein Verbleiben in der Quelle, sodass diese anhaltend reinigen darf und kann.«

3. Frances' Offenbarung des ewig reinigenden Blutes Jesu leitete den Reichtum des vollkommenen Friedens Gottes, der in Jesaja 26,3 beschrieben wird, in ihr Herz und ihre Gedanken. Indem sie in Gottes Frieden ruhte, fand sie auf ständig zunehmende und tiefer werdende Weise Sieg, Segnungen, Freiheit von Sorgen und die Zuversicht, dass sie in Gottes Liebe blieb, egal was das Leben ihr brachte.

4. Weil das Blut Jesu dich fortwährend reinigt, hast du keine Mal-ja-mal-nein-Errettung, sondern dank Jesu Blut eine Erret-

tung mit einem sicheren *Ja* zu allen Verheißungen Gottes (siehe 2Kor 1,19–20)!

5. Der *Hebräer*brief wurde an die Hebräer bzw. an die Juden (Gläubige und Nichtgläubige) geschrieben. Hebräer 10,26–29 wendet sich speziell an jüdische Brüder, die »die *Erkenntnis* der Wahrheit« (den Herrn Jesus als ihren Messias und sein vollbrachtes Werk) empfangen hatten, diese Wahrheit aber nie *in ihr Herz* aufnahmen. Sie hörten die Wahrheit über Jesus, gingen aber trotzdem zurück in den Tempel, um dort Tieropfer für ihre Sünden zu bringen. Das war eine Beleidigung für den Geist der Gnade, weil sie den Herrn Jesus damit kategorisch ablehnten, der sich in seiner großen Gnade auf Golgatha als das vollkommene und endgültige Opfer für ihre Sünden dargebracht hatte.

6. Es bezieht sich auf die *konkrete Sünde*, die Wahrheit, dass Jesus das endgültige Opfer ist, zu kennen und sein vollbrachtes Werk trotzdem abzulehnen.

7. Einfach aus dem Grund, weil echte Gläubige bereits an das Opfer Jesu glauben, ihr Vertrauen auf das vollbrachte Werk des Herrn gesetzt haben und bestimmt in keinen Tempel gehen, um für ihre Sünde Tieropfer zu bringen.

8. Dieses Gericht betrifft Nichtgläubige, die die Wahrheit des Evangeliums der Gnade hören und die unserem Herrn Jesus und seiner angebotenen Rettung offenen Auges den Rücken kehren. So sehen mutwilliges Sündigen und das Schmähen des Geistes der Gnade heute aus. Solange ein Mensch das vollkommene Opfer Jesu ablehnt, gibt es für ihn kein Opfer für seine Sünden mehr. Er hat das einzige Opfer abgelehnt, das Gott annimmt. Am Ende wird dieser Nichtgläubige sich wegen seiner Abweisung des Herrn dem Gericht stellen müssen. Allerdings macht die Bibel deutlich, dass Gottes Herz nicht auf Strafe und Gericht ausgerichtet ist. Stattdessen ist er »barmherzig und gnädig …, langsam zum Zorn und

groß an Gnade« (Ps 103,8 ELB). Darum sandte Gott seinen Sohn – damit jeder, der an ihn glaubt, nicht verlorengeht (siehe Joh 3,16).

9. Jesus sagte in Johannes 5,24: »Wahrlich, wahrlich, ich sage euch: Wer mein Wort hört und dem glaubt, der mich gesandt hat, der hat ewiges Leben und kommt nicht ins Gericht [*krisis*], sondern er ist vom Tod zum Leben hindurchgedrungen.« Dasselbe Wort, das in Hebräer 10,27 für »Gericht« (*krisis*) verwendet wurde, wird im eben genannten Vers in Bezug auf Gläubige verwendet. Gott möchte uns Gläubigen Gewissheit darüber geben, dass wir *nie* ins *Krisis*-Gericht kommen werden! Wir sind vom Tod zum Leben hindurchgedrungen, weil auf Golgatha das gesamte Feuer des Gerichts vollständig auf unseren Herrn fiel.

10. Wenn Gläubige jedes Mal, wenn sie eine Sünde begehen, diese auch bekennen müssen, dann muss jede Sünde offenbart und bekannt werden (denn sonst wäre man laut diesem Vers immer noch nicht gerecht). Es ist menschenunmöglich, *jede* Sünde, ob in Gedanken, Worten oder Taten, zu bekennen. Das dauernde, ununterbrochene Bekennen der Sünden macht einen Menschen äußerst sündenbewusst. Der Feind macht sich das (möglicherweise zwanghafte) Bedürfnis, jede Sünde zu bekennen, zunutze und bringt die Person damit unter ständige Verdammnis. Manche Gläubigen haben am Ende das Gefühl, sie hätten aufgrund ihres mangelhaften Sündenbekenntnisses ihre Errettung verloren.

11. Johannes sprach nicht davon, unsere Sünden jedes Mal zu bekennen, wenn wir in Gedanken oder Taten sündigen. Er sprach über die Notwendigkeit, vor Gott zuzugeben und zu bekennen, dass wir aufgrund von Adams Sünde Sünder sind, und gleichzeitig die vollständige Vergebung aller unserer Sünden anzunehmen, die Jesus durch sein vollbrachtes Werk für uns erkauft hat.

12. Nur einmal.

13. Er erinnert uns: Wenn wir als Gläubige versagen, haben wir einen Fürsprecher bei dem Vater – Jesus Christus. Durch unseren Herrn Jesus und durch das, was er am Kreuz vollbrachte, haben wir Vergebung und stehen selbst dann noch gerecht vor Gott, wenn wir versagt haben. So wie der Apostel Paulus die gescheiterten Gläubigen in Korinth daran erinnerte, dass sie immer noch der Tempel des Heiligen Geistes waren, erinnert auch Johannes uns daran, wer wir in Christus sind und wer uns zur rechten Hand Gottes vertritt.

14. Nein, wir bekennen unsere Sünden in dem Wissen, dass uns alle unsere Sünden *bereits* vergeben sind.

15. Weil wir eine enge Beziehung zu unserem himmlischen Vater haben, können wir ihm gegenüber ehrlich sein, wenn wir etwas falsch gemacht haben. Wir können mit ihm darüber sprechen, seine Gnade für unsere Schwäche empfangen und in dem Wissen weiterleben, dass er uns durch das Opfer seines Sohnes bereits vergeben hat. Wir machen uns auch keine Sorgen mehr darüber, dass wir unmöglich jede Sünde bekennen können, weil wir wissen, dass uns nicht unser Bekenntnis rettet, sondern das Blut Jesu. Es führt zu einem himmelweiten Unterschied, was unseren Seelenfrieden angeht!

KAPITEL 6

1. Der Fluch der Armut wird zerstört, zerbrochene Herzen werden geheilt, Gefangene und Unterdrückte werden befreit und die Blinden sehen! Durch die Verkündigung von Gottes erstaunlicher Gnade werden Menschen dazu befreit, ein herrliches und siegreiches Leben zu führen – kein von Sünde, Zweifel, Besorgnis und Niederlage durcheinander gebrachtes Leben.

2. Wahrheit steht auf der Seite der *Gnade*, nicht auf der Seite der Zehn Gebote. Im griechischen Grundtext folgt den Wörtern für »Gnade« und »Wahrheit« das griechische Verb (anders als in der deutschen Bibelübersetzung) »kam« in der Einzahl, was bedeutet, dass »Gnade« und »Wahrheit« als eine Einheit betrachtet werden. Gnade ist die *Wahrheit* und diese Wahrheit, die Menschen befreit, ist *Gnade*! Du kannst Gnade und Wahrheit also nicht voneinander trennen – sie sind ein zusammengesetztes Ganzes.

3. Weil die Gnade (nicht das Gesetz) die Wahrheit ist, die dich befreit und verwandelt (siehe Joh 8,32).

4. Gnade verurteilt den Sünder nicht, sieht aber auch nicht über die Sünde hinweg. Gnade, in der Person Jesu, trug alle unsere Sünden am Kreuz, damit der Vater dem unwürdigen Sünder auf gerechte Weise verzeihen kann. Eine solche Gnade zu empfangen, führt zu der Kraft, zu gehen und nicht mehr zu sündigen. Ist das nicht wunderschön? So ist unser Herr Jesus. Er liebt den Sünder und gibt ihm die befreiende Kraft und Stärke, nicht mehr zu sündigen.

6. Der erste Schritt zum Sieg ist, zu erkennen und zu glauben, dass du nicht von Schuld, Verdammnis oder Angst gebunden und getrieben sein musst, da ja der Herr Jesus am Kreuz die Bestrafung für alle deine Sünden schon auf sich genommen hat. Jedes Versagen deinerseits ist bereits an Jesu Körper bestraft worden und *du hast ständige Vergebung* und Vertrautheit mit Gott durch das Blut Christi! Dies ist die Kraft des richtigen Glaubens an das Evangelium, das dich dazu führen wird, von innen nach außen geschehende Verwandlung und bleibende Durchbrüche zu erleben.

7. Weil Sünde keine Wurzeln in dir schlagen kann, wenn du von dem Bewusstsein deines gerechten Standes in Christus erfüllt bist. Je mehr du in Gottes Geschenk der Gerechtigkeit gegründet

bist, desto mehr wirst du im Sieg über Sünde und Sucht leben. Die Bibel sagt: »Erwache zur Gerechtigkeit und sündige nicht« (1Kor 15,34 KJV). Es ist dieses Erwachen, indem du Gottes überfließende Gnade und sein Geschenk der Gerechtigkeit empfängst, und das befähigt dich dazu, über Sünde zu herrschen!

8. Neil sagte: »Ich bekam eine neue Offenbarung darüber, wer ich in Christus bin – ich bin die Gerechtigkeit Gottes in Christus Jesus – und dass es für die, die in Christus Jesus sind, keine Verdammnis gibt. … dass ich in Gottes Augen vollkommen und heilig bin.«

9. Neil sagt: »Ich erinnere mich daran, dass ich die Gerechtigkeit Gottes in Christus Jesus bin, und die Versuchung verliert ihre Macht über mich.«

11. Nein, »Rettung« ist das äußerst reichhaltige griechische Wort *soteria*, das »Befreiung, Erhaltung, Sicherheit, Rettung« bedeutet. Es deckt jeden Bereich deines Lebens ab, der Rettung braucht, sodass du in deinem Körper, deiner Seele und deinem Geist Ganzheit und Wohlergehen genießen kannst.

12. Das Evangelium ist so kraftvoll, weil es die Offenbarung enthält, dass du durch das Werk Christi gerecht gemacht wurdest, nicht durch deine Werke. Die gute Nachricht besteht darin: Wenn Gott einen Menschen ansieht, der seinen Glauben in das setzt, was Jesus getan hat, dann sieht Gott diesen Menschen als vollkommen, vollständig und gerecht in Christus. Das zu wissen und in dieser Offenbarung zu wachsen, setzt die Kraft und die Rettung Gottes in ihrem ganzen Reichtum in allen Bereichen deines Lebens frei.

KAPITEL 7

1. Sprüche 18,10 sagt uns: »Der Name des Herrn ist ein starker Turm; der Gerechte läuft dorthin und ist in Sicherheit.« Setze dein Vertrauen nicht auf deinen eigenen Verstand. Stütze dich stattdessen ganz auf den, der an deinem Erfolg mehr interessiert ist als du selbst. Lauf zu ihm und wirf alle deine Sorgen auf ihn, denn er sorgt für dich (siehe 1Petr 5,7).

2. Im neuen Bund der Gnade kommt deine Gerechtigkeit vom Herrn Jesus selbst. Je mehr du deine Gerechtigkeit in Christus verstehst, desto mehr wirst du seine Verheißung aus Jesaja 54,17 erleben.

3. Gottes Wort verkündigt, dass es keiner dieser Waffen gelingen soll, selbst wenn sie schon vorbereitet wurden. Und jede unbegründete Anklage, jede boshafte Lüge und jede falsche Behauptung wirst du schuldig sprechen! Der Feind hat dein Leben nicht in der Hand. Gott hat es in der Hand und er erhält alle Dinge in deinem Leben aufrecht (siehe Hebr 1,3)!

4. Wir können das verheißene Land nicht erben, indem wir uns auf unsere Anstrengungen verlassen, durch das perfekte Einhalten der Zehn Gebote gerechtfertigt zu werden. Wir können es nur durch den Glauben an die Gnade unseres Herrn Jesus erben. Nicht durch unsere Werke erben wir Gottes Verheißungen, sondern durch das vollkommene, vollbrachte Werk Christi.

5. Das Widderhorn ist ein wunderschönes Bild für den Tod unseres Herrn Jesus. Damit man das Horn erhalten konnte, musste der Widder sterben. Das Erklingen des Widderhorns ist daher eine Verkündigung des Todes und vollbrachten Werkes unseres Herrn. Am Kreuz, als Jesus mit seinem Blut für alle unsere Sünden vollständig bezahlt hatte, rief er aus: »Es ist vollbracht!« (Joh 19,30).

6. Das Blut der Lämmer versinnbildlicht das vergossene Blut Jesu, des wahren Lammes Gottes, das auf unsere Herzen aufgetragen wird und uns aus der Gefangenschaft heraus- und in das verheißene Land hineinbringt. Es ist einzig und allein Christus!

7. Die Botschaft ist, dass du aus Gnade durch Glauben gerettet wurdest, doch im selben Atemzug zerstört diese Botschaft die Einfachheit des Evangeliums mit der Aussage, dass du durch Werke gerettet bleibst oder gesegnet wirst. Du wirst obendrein alle möglichen Dinge hören, die du für Gott tun musst, um dich durch die richtige Lebensführung zu qualifizieren.

9. »Gerechtfertigt.« Sie sagt: »Ich verstand endlich ohne jeden Zweifel, dass ich durch das Blut des Lammes Gottes (Christus) gerechtfertigt war – obwohl ich in meinem Verhalten auch jetzt noch nicht vollkommen bin!«

10. Bibellesen ist seitdem eine Freude für sie, sie hat Heilung erfahren, sie ist damit gesegnet, zur richtigen Zeit am richtigen Ort zu sein, um Wunder zu erleben, und sie wurde aus tiefer Depression und Verzweiflung herausgehoben und auf einen Weg der Freude, des Friedens und der Hoffnung gebracht.

11. Die Ironie ist, dass Menschen in dem Versuch, durch das Einhalten von Gottes Gesetz gerecht zu werden, Werke des Fleisches wie Ehebruch, Unzucht, Hass, Spaltungen und Trunkenheit hervorbringen (siehe Gal 5,18–21). Warum? Weil die Kraft der Sünde das Gesetz ist (siehe 1Kor 15,56). Das Gesetz entfacht bzw. erregt die sündigen Leidenschaften in unserem Fleisch (siehe Röm 7,5).

12. In den ersten vier Kapiteln spricht Paulus über die Gnade. Er stellt sie dem Gesetz gegenüber und kämpft für die Rechtfertigung aus Glauben, weil die Christen in Galatien im Begriff waren, zurück unter das Gesetz zu gehen. Im Grunde brachte Paulus sie zurück unter die *reine Gnade*, bevor er über die Frucht des Geistes sprach.

13. Echte Heiligkeit bzw. die richtige Lebensführung entsteht, wenn du immerzu von deiner Gerechtigkeit hörst, die du aus Gnade durch Glauben an Christus hast, sie auch weiterhin empfängst und dir ihrer stets bewusst bist. Paulus stellt den *Werken* des Fleisches die *Frucht* des Geistes gegenüber. Werke sind das Ergebnis *eigener Anstrengung*, deren Beweggrund in den strikten Forderungen des Gesetzes zu finden ist. *Frucht* ist die Folge von Leben! So wie ein Baum auf natürliche Weise gute Frucht hervorbringt, wenn er gut bewässert wird und dem richtigen Maß an Sonnenlicht ausgesetzt ist, so wird auch ein Christ ohne eigene Anstrengung gute Frucht hervorbringen, wenn er oder sie von dem Wort der Gnade Gottes gut bewässert wird und dem Sonnenlicht von Gottes Liebe ausgesetzt ist.

KAPITEL 8

1. Jesus wusste genau, was dieser arme Mann hören musste, damit seine Heilung sichtbar werden konnte. Und tatsächlich, bei den nächsten Worten Jesu: »Steh auf, nimm deine Matte und geh nach Hause«, sprang der gelähmte Mann »auf, nahm die Matte und bahnte sich einen Weg durch die staunende Menge« (Mk 2,11–12 NLB). Was war geschehen? Jesus sah, was niemand sonst sehen konnte: Der Mann musste hören, dass ihm vergeben war, dass Gott ihn nicht verdammte. Und diese Worte öffneten die Tür zu seiner Heilung und befreiten ihn von seiner Lähmung.

2. Die Gewissheit, dass Gott dir deinen Durchbruch ohne jeden Zweifel nicht vorenthält. Er liebt dich, er versteht deinen Schmerz und dein Leid und er hat dir durch das Kreuz vergeben. Er möchte dich wissen lassen, dass deine Vergangenheit deine Zukunft nicht vergiften muss. Ganz gleich, wie viele dunkle Tage du erlebt hast,

Gott hat viele wundervolle offene Türen voller Möglichkeiten, Gunst und gutem Erfolg vorbereitet, durch die du in der Zeit, die noch vor dir liegt, gehen kannst.

3. Das Geschenk der Vergebung, das Geschenk, nicht verurteilt zu werden, das Geschenk der Gerechtigkeit, das Geschenk des ewigen Lebens und die verschiedenen Geschenke des Geistes, die Gott einem jeden von uns ins Leben gelegt hat!

4. Als wir Jesus als unseren Herrn und Retter annahmen, wurden wir durch das Blut Jesu so vollkommen gereinigt – ein für alle Mal –, dass der Heilige Geist nun *in* uns lebt und *für immer* bei uns bleibt (siehe Joh 14,16–17)!

5. Es bedeutet, dass Gott uns den Heiligen Geist gab und uns damit als sein Eigentum bezeichnete. Der Heilige Geist ist Gottes Garantie, dass er uns das Erbe geben wird, das er uns versprochen hat, und dass er uns als sein eigenes Volk erkauft hat. Gott hat dich mit dem Heiligen Geist der Verheißung versiegelt, um so zu bestätigen, dass dir durch das vollbrachte Werk Jesu das Geschenk der Gerechtigkeit und das Geschenk des ewigen Lebens gegeben wurde.

6. Pete sagte: »Ich fühlte mich nochmals von neuem geboren!« Seitdem er verstand, dass alle seine Sünden vergeben sind, ist sein Glaube in die Höhe geschnellt und sein Leben wurde radikal verwandelt! Und diese Wahrheit hat auch in seiner Frau und seinen vier Kindern Frucht hervorgebracht.

7. Daphne sagte: »Diese Selbstverdammung und der Glaube, dass wir nie tun können werden, was Gott von uns erwartet, [bringen uns] oft wieder zum Trinken, in eine Drogensucht und manchmal sogar durch Folgeschäden zu Tode.«

8. Daphne hörte von Gottes Gnade. Gnade und Wahrheit kamen in der Person Jesu und veränderten alles von Grund auf. Die Veränderung in ihr fand statt, als sie verstand und daran glaubte,

dass am Kreuz bereits alles für sie getan worden war und dass Jesus sie heilen und seine Gnade in ihr Leben ausgießen wollte, weil er sie liebt.

9. Die einzige Lösung ist eine unerschütterliche Offenbarung über deine gerechte Identität in Christus und darüber, was am Kreuz geschehen ist. Am Kreuz nahm Jesus deine Strafe und Verdammnis auf sich und wurde zur vollständigen Bezahlung für alle deine Sünden. Und als du an Jesus glaubtest, wurdest du aus Glauben gerechtfertigt! Das Kreuz von Golgatha hat alles von Grund auf verändert.

10. Eine Offenbarung von Gottes Gnade. Es ist wichtig, dass du dich mit dem Evangelium der Gnade beschäftigst, darüber nachsinnst und dich davon ernährst. Sei überzeugt von der Gnade Gottes, die er dir anbietet. Sei fest in dem Verständnis, dass deine Sünden vergeben sind. Sei fest in der Erkenntnis, dass du gerechtfertigt bist aus Glauben durch Gnade. Sei fest in der Offenbarung, dass du heute die Gerechtigkeit Gottes in Christus bist.

11. Wenn du fest bist im Evangelium der Gnade, wirst du ein gottesfürchtiges, heiliges und herrliches Leben hervorbringen! Genauso wie du Wasser nicht anfassen kannst, ohne nass zu werden, kannst du die Gnade nicht »anfassen«, ohne heilig zu werden. Und diese Heiligkeit ist eine echte Heiligkeit, die von innen kommt. Es ist eine Heiligkeit, die aus einem dankbaren Herzen fließt, das sich von Selbstverdammung frei gemacht hat. Wir reden nicht von oberflächlichen äußerlichen Veränderungen. Wir reden von Veränderungen, die in den tiefsten Winkeln des Herzens einer Person, in ihren Beweggründen und in ihren Gedanken stattfinden.

12. Die Gnade brachte ihr dauerhafte Freiheit von Alkoholismus und Selbstverdammung und erzeugte in ihr auch den Wunsch, anderen wertvollen Frauen zu helfen, die sich mit Alkoholismus und Selbstverdammung abmühen. Sie *muss* ihre Zeit nicht dafür

einsetzen, diesen Frauen zu helfen, aber sie *will*. Das bewirkt die Gnade im Leben eines Menschen. Sie verwandelt ihn von innen heraus. Die Gnade macht einen Menschen gnädig, freundlich und großzügig. Das Geschenk der Gerechtigkeit in dir wird Früchte der Gerechtigkeit hervorbringen.

13. Menschen können nicht mit ihren natürlichen Augen sehen, dass du aus Glauben gerechtfertigt wurdest. Du sagst deinen Freunden vielleicht, dass Gott dich gerecht gemacht hat, doch sie werden dir nicht unbedingt glauben oder deinen Worten Bedeutung beimessen, bis sie deine guten Werke oder eine positive Veränderung in deinem Verhalten sehen. Sie verurteilen oder rechtfertigen dich aufgrund dessen, was du tust.

14. Die Wahrheit ist: Sobald ein Mensch von neuem geboren wurde, geschieht es vielleicht nicht sofort, aber die Gnade, die Gott in diesen Menschen gelegt hat (siehe Röm 2,4), wird in seinem Leben eines Tages gute Frucht hervorbringen. Die Vergebung und Liebe, die dieser Mensch erlebt, wird an andere weiterfließen (siehe 1Joh 4,19). Die Gnade ist die Ursache, gute Werke sind die Auswirkung. Konzentriere dich auf die Ursache und die Auswirkungen werden irgendwann kommen.

15. Wenn deine Fehler dich entmutigen, sichert Jesus dir in Matthäus 12,20 zu, dass Gott dich nicht zerbricht und dich auch nicht auslöscht, um dich dann wegzuwerfen. Nein, er wird dich nicht aufgeben. Er wird dich gesundlieben, sodass dein Herz wieder von einem Lied erfüllt wird. Er wird deine Leidenschaft, für ihn und zu seiner Herrlichkeit zu leben, neu entfachen, wenn du seine Liebe zu dir erkennst. Komm immer wieder zurück zu den Wahrheiten des Evangeliums, die sich auf seine Gnade beziehen. Sei geduldig und gib dir Zeit, um durch die Erkenntnis unseres Herrn Jesus in der Gnade zu wachsen (siehe 2Petr 1,2).

KAPITEL 9

1. 1. Johannes 4,18 sagt uns: »In der Liebe gibt es keine Furcht, denn Gottes vollkommene Liebe vertreibt jede Angst. Wer noch Angst hat, rechnet mit Strafe.« In Gottes Liebe ist keine Angst. Wenn du seine vollkommene Liebe erfährst, treibt sie alle Ängste aus.

2. Dieser Vers erklärt, dass Gott dich SO sehr liebt. Und wenn du nur wüsstest, wie sehr er seinen geliebten Sohn achtet und wertschätzt, dann bekämst du eine Ahnung davon, wie sehr er dich liebt, denn er gab seinen Sohn – das Beste des Himmels und die Freude seines Herzens – für dich auf. Beim Evangelium der Gnade dreht sich alles darum, Gottes vollkommene Liebe zu enthüllen – eine Liebe, deren Länge und Tiefe und Höhe am Kreuz demonstriert wurde. Eine Liebe, die den Sohn Gottes als dein Sündopfer hingab. Eine Liebe, die deine und meine Sünden getragen hat, damit wir sein ewigwährendes Leben empfangen und frei von jeder Gefangenschaft leben können.

4. Unser Gott ist Liebe! Er ist langsam zum Zorn, gnädig und geduldig. Er ist voller Vergebung, Güte und Barmherzigkeit.

5. Jesus ging mit Sündern, Prostituierten oder Steuereintreibern niemals gereizt und zornig um. Er schimpfte nicht mit der Frau am Brunnen, die fünf Ehemänner gehabt hatte, oder mit der Frau, die beim Ehebruch ertappt worden war. Er hob sich seine härtesten Worte für die selbstgerechten, hartherzigen, der Gnade widerstehenden Schriftgelehrten und Pharisäer auf, den Sündern und den aus der Gesellschaft Ausgestoßenen gegenüber war er jedoch immer gütig und liebevoll. Das ist das Wesen unseres himmlischen Vaters!

6. Die Gnade geht dem Sünder nicht aus dem Weg; die Gnade *geht* dem Sünder *nach.* Die Gnade demonstriert nicht gegen die, die versagen; die Gnade umschließt sie, bis sie heil sind, und bewirkt in ihnen echte innere Verwandlung. Die Gnade verurteilt diejenigen nicht, die mit Sünde kämpfen; die Gnade bringt Heiligkeit in ihnen hervor.

7. Jesus lud sich selbst in Zachäus' Haus ein, liebte ihn und zeigte ihm Gnade. Noch bevor der Abend vorüber war, sagte Zachäus zu Jesus: »Siehe, Herr, die Hälfte meiner Güter gebe ich den Armen, und wenn ich jemand betrogen habe, so gebe ich es vierfältig zurück!« (Lk 19,8). Das ist die Kraft der Gnade! Jesus gab Zachäus keine Gebote, keine Verdammnis, keine Gesetze … nur Gnade, Gnade und noch mehr Gnade. Und Zachäus' Herz wurde für immer verwandelt.

8. Der Herr gab dem reichen jungen Mann das Gesetz, um ihn ans Ende seiner selbst zu bringen, indem er ihm das Eine zeigte, das ihm fehlte. Das allererste Gebot ist: »Du sollst keine anderen Götter neben mir haben!« (2Mo 20,3). Doch für ihn war Geld sein Gott – er ging traurig weg, als der Herr ihn bat, alles zu verkaufen, was er besaß (siehe Lk 18,20–23). Und, im Gegensatz zu Zachäus, gibt es keine Aufzeichnung darüber, dass er den Armen auch nur einen Groschen gab.

9. Das Gesetz fordert, und das führt zu Angst, Schuldgefühlen und Sorgen. Die Gnade gibt, und das erzeugt Großzügigkeit, Heiligkeit und eine innere Herzensveränderung.

10. Sie entwickeln das Empfinden, Gott gegenüber versagt zu haben, und das führt dazu, dass sie angstvoll seine Strafe und sein Gericht erwarten. Alles Schlechte, das ihnen geschieht, verstärkt diese Angst. Sogar wenn Dinge gut laufen, haben sie Angst, Gottes Segnungen oder Schutz aufgrund eines Fehlers, den sie gerade begangen haben, zu verlieren. Das Ergebnis? Unsicherheit, Besorg-

nis, Befürchtungen und alle möglichen Ängste werden ihre ständigen Begleiter und berauben sie ihrer Lebensfreude, von einem Leben mit Mut und Zuversicht ganz zu schweigen.

11. Die Zehn Gebote bewirken Tod und Verdammnis, weil kein Mensch Gottes vollkommenes Gesetz einhalten kann. Wenn du das Gesetz nicht zu jedem Zeitpunkt hältst, kommst du unter dessen Fluch, es verdammt dich und verurteilt dich zum Tode. Im Gegensatz dazu hat der Bund der Gnade »überschwängliche Herrlichkeit« (2Kor 3,9 LUT), weil er den Geist der Freiheit und das Geschenk der Gerechtigkeit Gottes bringt.

12. Jesus kam, um das Gesetz an unserer Stelle zu erfüllen (siehe Mt 5,17). Und das Gesetz wurde am Kreuz vollkommen erfüllt, als Jesus rief: »Vollbracht!« (siehe Joh 19,30). Er erfüllte die Anforderungen des ersten Bundes (des mosaischen Bundes der Zehn Gebote), um den zweiten (den neuen Bund der Gnade Gottes) in Kraft zu setzen (siehe Hebr 10,9–10 NLB)!

13. Du wirst frei von dem Dienst der Verdammnis und dem Tod, den dieser Dienst in Form von Schuldgefühlen, Unsicherheit, Furcht, Sorgen und einer Vielzahl lähmender Ängste mit sich bringt. Verdammnis raubt dir den Frieden in deinem Herzen und die Freude in deiner Beziehung mit deinem Vater. Sie raubt dir den Glauben und nimmt dir das Vertrauen auf seine Liebe und seine Fähigkeit, dich zu retten. Doch wenn du weißt und glaubst, dass du nicht unter dem Dienst der Verdammnis bist, sondern unter dem Dienst der Gerechtigkeit, kannst du ungehindert vor deinen himmlischen Vater kommen und jede Sorge deines Herzens auf ihn werfen. Du wirst nicht ständig fürchten, dass er dich wegen deines Versagens bestrafen oder dir seine Segnungen und seinen Schutz vorenthalten wird, weil du weißt, dass Jesus am Kreuz die Strafe, die dir galt, auf sich selbst nahm.

14. Wenn Gläubige nicht glauben, dass alle ihre Sünden durch den Tod Jesu Christi am Kreuz bestraft und vergeben wurden, ist ihr Gewissen niemals beruhigt. Das führt dazu, dass der Lohn der Sünde, welcher der Tod ist, sie weiterhin unterdrückt und gefangen hält. Darum ist es so wichtig, dass du in der Offenbarung deiner vollständigen Vergebung in Christus gegründet bist.

15. Es sagt uns, dass unser Herr durch seinen Tod die Macht des Todes brechen konnte, die der Teufel über uns hatte. Warum tat er das alles? Um die zu befreien, »deren ganzes Leben von der Angst vor dem Tod beherrscht war«. Es ist eindeutig: Unser Herr Jesus will, dass wir frei sind von der Angst vor dem Tod und von jeder versklavenden Gefangenschaft.

16. Sie begann einfach, das wahre Wesen Gottes zu begreifen, zu sehen, dass er nicht die Quelle, sondern die Lösung ihres Problems war, und sie erhielt eine persönliche Offenbarung seiner Liebe und seines vollbrachten Werks. Sie sagt: »Jesus ist in alle dunklen Bereiche meines Lebens hineingekommen, um bei mir zu sein, mich als Freund zu unterstützen und mich mit seiner Gegenwart zu wärmen. Er zeigt mir die Liebe und Vergebung Gottes und stellt meine Hoffnung für die Zukunft wieder her!«

KAPITEL 10

1. Kirk hörte immer mehr über Gottes herrliche Gnade und das Geschenk der Gerechtigkeit. Er sagte: »Ich fing an, von Gottes Liebe zu mir zu zehren. Mein Leben bekam viel mehr Sinn, weil ich entdeckte, dass nicht länger ich lebte – Jesus ist der Eine, der in mir wirkt. Je mehr ich mich auf seine Liebe zu mir konzentriere, desto mehr verliebe ich mich in ihn und desto mehr wird die Bibel ein Buch über seine Liebe.«

2. Kirk sagte: »Jesus verwandelte das Chaos meiner Scheidung in einen Durchbruch. Ich fing an, das Leben wie niemals zuvor zu genießen, während Gott sich immer mehr in meinem Alltag zeigte, mich heilte und Probleme in meinem Leben behob – selbst Probleme, bei denen ich ihn nicht um Hilfe gebeten hatte.«

3. Kirk sagte: »Nun führe ich mein Leben voller Mut, weil ich weiß, dass ich in Jesus Christus vollkommen sicher und geborgen bin und dass er immer für mich da ist. Ewiges Leben ist mein Erbe in Christus Jesus – aus Glauben und nicht durch meine eigenen Werke.«

4. Frage dich: Bewirkt die Lehre, die du hörst, dass du ein Leben führen willst, das unseren Herrn Jesus verherrlicht? Betont sie deine Werke oder sein Werk? Bewirkt sie, dass du mit dir selbst beschäftigt bist oder mit unserem Herrn Jesus?

5. Diese Lehre erhebt bzw. verherrlicht unseren Herrn Jesus nicht. Ohne die Person Jesu und sein vollbrachtes Werk am Kreuz kann man NICHT über ewige Errettung sprechen. Jesus ist der einzige Weg! Jesus sagte: »Ich bin der Weg und die Wahrheit und das Leben; niemand kommt zum Vater als nur durch mich!« (Joh 14,6).

6. Im neuen Bund geschieht Zurechtweisung durch Gottes Wort. Paulus sagt uns: »Alle Schrift ist von Gott eingegeben und nützlich zur Belehrung, zur Überführung, zur Zurechtweisung, zur Erziehung in der Gerechtigkeit« (2Tim 3,16). Wie in Kapitel 2 erwähnt, werden, wenn du das Wort gepredigt hörst, falsche Glaubensüberzeugungen und falsches Denken durch den richtigen Glauben an Gottes Gnade ersetzt, und es tritt eine Veränderung ein, die zu richtigem Leben führt. Beachte auch, dass Zurechtweisung durch Gottes Wort »Erziehung in der Gerechtigkeit« beinhaltet, die darin besteht, in richtiger Weise zu glauben, dass du aus Glauben an unseren Herrn Jesus gerechtfertigt bzw. gerecht gemacht bist. Dazu gebraucht der Heilige Geist oftmals von Gott

eingesetzte Leiter (siehe Gal 6,1; 2Tim 4,2; 2Thess 3,15) – um dich zurückzuverweisen auf das vollbrachte Werk Jesu und darauf, wer du in Christus bist. Darum ist es so wichtig, dass du Teil einer Ortsgemeinde mit guten Leitern bist.

7. Der Apostel Paulus wies sie zurecht, indem er sie damit nachdrücklich an ihre gerechte Identität in Christus erinnerte. Er erinnerte sie weiterhin daran, dass ihre Körper Tempel des Heiligen Geistes seien. Das alles zeigt uns, dass jeder, der an seine gerechte Identität in Christus erinnert wird und eine Offenbarung über sie hat, die Kraft haben wird, Sünde zu überwinden!

8. Daraus, dass du fest in der Gnade Gottes verwurzelt und gegründet bist. Du hast die Kraft, zu lieben, weil Gott dich zuerst geliebt hat! Je mehr du seine Liebe empfängst, desto mehr erlaubst du seiner Liebe, durch dich zu fließen. Darum erklärt die Bibel, dass »die Liebe die Erfüllung des Gesetzes« ist (Röm 13,10).

9. Wenn du einen unreinen Gedanken hast, eine Regung verspürst oder versucht bist zu sündigen, halte einen Moment lang inne und schau auf Jesus. Sieh das Kreuz. Erkenne und erfahre seine Liebe, Vergebung und Gnade ganz neu für dich. Du darfst wissen, dass er dich immer noch liebt und bei dir ist, um dich zu stärken. Jesus ist dein Sieg über jede Versuchung, jede Sucht und jeden Zwang!

10. Der Apostel Paulus sagte: »Ich tue nicht das Gute, das ich tun will, sondern das Böse, das ich nicht tun will« (Röm 7,19 NGÜ). Die Lösung ist also nicht, dich auf deine Willenskraft zu verlassen, um zur Versuchung Nein zu sagen, sondern dich auf Gottes Gnade zu verlassen und Ja zu Jesus zu sagen!

11. Deine Freiheit von jeder sündigen Gewohnheit findest du in der Person Jesu! Er ist deine Gerechtigkeit und Heiligkeit. Ja zu Jesus zu sagen bedeutet, ihn in die Bereiche hineinkommen zu lassen, in denen du dich am schwächsten fühlst, und seiner Gnade zu erlauben, dich von innen heraus zu verwandeln.

KAPITEL 11

1. Er sagt uns »Frieden« zu, welches das hebräische Wort *schalom* ist, was Vollständigkeit, Unversehrtheit, Wohlergehen an Körper und Seele, Sicherheit, Zufriedenheit und Frieden in unseren menschlichen Beziehungen bedeutet. Das ist sein Herzenswunsch für uns.

2. Konzentriere dich darauf, auf Jesus zu hören und in der Erkenntnis Jesu und seiner Gnade zu wachsen. Die Bibel sagt uns, dass Gnade und Friede (und jeder Segen des Guten) zunehmen, wenn wir in der Erkenntnis Jesu, unseres Herrn, wachsen (siehe 2Petr 1,2).

3. Petrus wusste nicht, dass er durch seine Aussage Jesus mit Mose und Elia auf eine Stufe stellte.

4. Als seine Jünger Angst hatten, waren seine ersten Worte keine Worte, die ein neues Gesetz oder Gebot betrafen. Es waren Worte der Gnade. Und in diesen Worten erkennst du das Wesen unseres Herrn. Seine Gegenwart und seine Worte werden dich immer aufrichten – deinen Geist, deine Seele und deinen Körper –, wenn du niedergeschlagen oder ängstlich bist.

5. Die Botschaft für Gläubige ist, dass Christus das Gesetz durch sich selbst ersetzt hat und Gott möchte, dass wir immer die Worte der Gnade hören, die sein Sohn ausspricht. Das Gesetz Moses hat seinen Zweck erfüllt, indem es die Menschen ans Ende ihrer selbst brachte. Auch die Propheten haben ihren Zweck erfüllt, indem sie die Menschen an das Gesetz Gottes erinnerten. Beide haben ihren Zweck erfüllt. Jetzt ist der Tag der Gnade. Es ist der Tag des Sohnes Gottes – nicht der *Diener* Gottes, sondern des *Sohnes* Gottes höchstpersönlich.

6. Hör dir immer wieder an, dass unser Herr Jesus liebend gern heilte und heute immer noch heilt. Hör dir an, wie er die grausamen römischen Peitschenhiebe für dich ertrug, damit du durch seine Wunden geheilt bist (siehe Jes 53,5). Hör dir an, wie er umherging und Gutes tat und ALLE heilte, die (körperlich, seelisch und geistig) vom Teufel bedrängt waren (siehe Apg 10,38; Mt 9,35). Hör dir an, dass ihn tiefes Mitgefühl ergriff, als er sah, wie die Menschenmengen auf seine heilende Berührung warteten – er sah sie nicht als Menschen, die unmögliche Forderungen stellten, sondern als Schafe, die keinen Hirten hatten (siehe Mt 9,36). Und hör dir an, dass er gestern, heute und in Ewigkeit derselbe ist (siehe Hebr 13,8). Glaube wird deinen Geist durchtränken und seine göttliche Heilung und Gesundheit werden jede Zelle, jedes Organ und jeden Bereich deines Körpers durchfluten!

7. Hör dir immer wieder an, dass Gott für dich und nicht gegen dich ist. Hör dir an, dass er dir durch Christus ALLES geschenkt hat (siehe Röm 8,31–32), sodass du nichts weiter tun musst, als das Geschenk ALLER seiner Segnungen zu empfangen. Das beinhaltet die Gunst, die Weisheit, die Heilung und die Versorgung, die du brauchst, um dich jeder möglichen Herausforderung zu stellen. Hör dir an, wie der Sohn dich an deinen liebenden himmlischen Vater erinnert, der alle deine Bedürfnisse kennt und der verspricht, dass er für dich sorgen wird, wenn du deine Sorgen auf ihn wirfst und einfach zuerst nach seinem Geschenk der Gerechtigkeit trachtest (siehe Mt 6,31–33). Während du zuhörst und in Gottes Gnade für dich gegründet wirst, wird sich jede Sorge und jede Angst wie Nebel in der aufgehenden Morgensonne auflösen, und du wirst sehen, wie er jedes neue Bedürfnis mit neuer Gunst versorgt.

8. Hör dir die bestätigenden Worte des Herrn an, die er zu dir sagt: »Ich werde dich nie verlassen und dich nicht im Stich lassen.«

Erlaube diesen Worten, dein Herz zu erneuern, deine Gefühle zu festigen und dir den Glauben zu geben, um zuversichtlich zu sagen: »Der Herr steht zu mir, deshalb fürchte ich mich nicht. Was können mir Menschen anhaben?« (Hebr 13,5–6 NLB).

9. Unter dem Gesetz Moses wurde die Tempelsteuer für die Instandhaltung des Tempels eingenommen, der für Gott gebaut worden war. Petrus dachte immer noch an Mose und daran, was Mose über die Tempelsteuer gesagt hatte. Er hatte Jesus noch nicht einmal gefragt oder zurate gezogen, obwohl ihm gerade erst gesagt wurde, er solle »ihn … hören«.

10. Jakobus und Johannes hörten auf Elia und sahen ihn als nachzuahmendes Vorbild an. Jesus antwortete: »Wisst ihr nicht, welches Geistes [Kinder] ihr seid? Denn der Sohn des Menschen ist nicht gekommen, um die Seelen der Menschen zu verderben, sondern zu erretten!« (Lk 9,55–56). Der Geist Elias ist ein Geist des Gerichts. Jesus sagte den beiden Brüdern geradeheraus, dass sie durch ihre Aussage nicht unter dem Geist der Gnade waren.

11. Weil weder im Gesetz noch in den Propheten die Antwort auf unsere tiefste Sehnsucht liegt – der nach inniger Nähe und Frieden mit Gott und nach dem Genuss seiner Gegenwart und seiner Kraft in jedem Bereich unseres Lebens.

12. Während Mose versagte und Elia entmutigt war, sagt uns die Bibel, dass unser Herr Jesus, der gänzlich Wunderbare, »nicht versagt noch entmutigt ist« (Jes 42,4 NKJV). Während Mose ungeduldig war, ist unser Herr Jesus heute geduldig mit dir und mir, besonders dann, wenn wir Fehler machen und versagen. Und während Mose darin versagte, Gottes Volk in das verheißene Land zu bringen, vollendete unser Herr Jesus das Werk, für das sein Vater ihn auf diese Erde sandte, und führte uns in alle Segnungen und Verheißungen Gottes hinein (siehe Eph 1,3; 2Kor 1,20). Während Elia entmutigt war, ließ sich Jesus nicht einmal von der wieder-

holten Ablehnung der Menschen entmutigen. Er ist dein Fels und deine Festung, wenn du dich entmutigt fühlst.

KAPITEL 12

1. Diese Aussage spiegelt menschlichen Stolz und Selbstvertrauen wider. Das ist keine Anklage gegen die Kinder Israels, sondern gegen alle Menschen, die damit prahlen, alle Gesetze Gottes halten zu können. Wenn Menschen sagen, dass sie Gottes Gesetze sehr wohl halten könnten, bevor sie überhaupt gehört haben, was diese Gesetze beinhalten, dann ist das Vertrauen in das Fleisch. Das ist Stolz.

2. Der Herr trug Mose auf, eine Grenzlinie um den Berg Sinai zu ziehen und die Israeliten zu warnen, nicht auf den Berg zu steigen oder ihn zu berühren, denn sonst würden sie mit dem Tod bestraft werden (siehe 2Mo 19,12–13).

3. »Und das ganze Volk nahm das Donnern und die Flammen wahr und den Schall der Schopharhörner und den rauchenden Berg. Als nun das Volk dies wahrnahm, zitterte es und stand von ferne, und es sprach zu Mose: Rede du mit uns, und wir wollen hören; aber Gott soll nicht mit uns reden, sonst müssen wir sterben!« (2Mo 20,18–19).

4. Tritt nicht aus der Gnade heraus, indem du versuchst, vor Gott durch das Gesetz bestehen zu wollen. Wenn du das tust, trennst du dich von Christus und seiner Gnade, die sich um alle deine Bedürfnisse und Herausforderungen kümmert. Hör damit auf, Gottes Gnade abzulehnen, zu bekämpfen und beiseitezuschieben. Erlaube seiner Liebe, Gnade und Kraft vielmehr, dich aus jeder Niederlage zu heben, die du gerade erlebst.

5. Der Berg Sinai, der Berg des Gesetzes, erzeugt nur Angst und Unsicherheit in deiner Beziehung mit Gott und treibt dich noch tiefer in zerstörerische Angewohnheiten und nimmt dir die Hoffnung auf Freiheit. Dank des Kreuzes Jesu, wo Gottes Zorn für alle unsere Sünden ausgegossen wurde, ist er auf den Berg Zion gezogen, den Berg der Gnade, den Ort der Versöhnung, Beziehung und Verbundenheit mit und zu seinem Volk. Auf diesem Berg findest du innige Nähe mit dem Herrn, der dir Stärke gibt und dich von innen heraus verändert.

6. Er verspricht, dass der Berg Zion nicht wankt. Er bleibt ewiglich! Das bedeutet, wenn du dein Leben auf den Berg Zion gründest, wirst du echte Freiheit und Stabilität genießen. Wenn deine Segnungen und Durchbrüche vom Berg Zion kommen, werden sie bestehen bleiben!

7. Allein aufgrund des Opfers und des vollbrachten Werks seines Sohnes, Jesus. Das hebräische Wort für Zion ist *zijon*, was »verdorrter Ort« bedeutet. Ein verdorrter Ort ist ein Ort, der durch extreme Hitze ausgetrocknet oder verbrannt wurde. Der Berg Zion deutet auf den Hügel Golgatha hin – auf den Ort, an dem Jesus, das Opferlamm Gottes, von Gottes feurigem Zorn auf alle unsere Sünden verbrannt wurde. Der Berg Zion versinnbildlicht das vollbrachte Werk unseres Herrn Jesus am Kreuz. Er wurde zur Sünde gemacht, damit wir gerecht gemacht werden können (siehe 2Kor 5,21).

9. *Goschen* bedeutet wörtlich sich Gott »nahen«. Inmitten aller Dunkelheit und Ungewissheit, die du heute vielleicht in der Welt siehst, darfst du wissen, dass es ein Goschen gibt, in dem du und deine Familie Zuflucht finden können. Es ist ein gesegneter Ort, über den Gott sagt: »Du sollst *nahe* bei mir sein, du und deine Kinder und deine Kindeskinder. *Ich will dich* dort *versorgen.*«

10. Aus dieser innigen Nähe heraus weicht Unfruchtbarkeit der Fruchtbarkeit. Mangel wird ersetzt durch Überfluss. Traurigkeit und Krankheit durch Freude und Leben. Angst durch Liebe. Verwirrung und Unsicherheit durch Frieden und Sicherheit. Niederlage durch Sieg. Zusammenbrüche durch Durchbrüche. Und Ziellosigkeit durch göttliche Bestimmung!

12. Du kannst ein auf Hoffnung Gefangener sein und von Neuem Gottes Geschenk der Gerechtigkeit empfangen, um über diese Dinge zu herrschen (siehe Sach 9,12; Röm 5,17). Du kannst einen beruflichen Neuanfang erfahren, selbst wenn deine Träume zerschlagen wurden, weil du weißt, dass Gott dich an diesem Ort der Nähe liebt, dich hört und dich wiederherstellen wird. Du kannst frei von Furcht, Schrecken und Bedrückung leben, wenn du Tag für Tag immer mehr in seiner Gerechtigkeit gegründet wirst (Jes 54,14).

KAPITEL 13

1. Maria verstand den Wert unseres Herrn völlig. Sie sah ihn nicht nur als einen Menschen, sondern als Gott im Fleisch, der sie liebte und kam, um ihr Retter zu sein. Weil sie Jesus so hoch achtete, war ihre Tat, ihn mit ihrem wertvollsten Besitz zu salben, einfach nur ein äußeres Zeichen dessen, wie sehr sie ihn innerlich liebte, achtete und schätzte.

2. Judas war empört und sah es als Verschwendung an, weil er den Wert Jesu nicht erkennen konnte. Was Judas Ischariot als Verschwendung ansah, sah Maria als Anbetung. Für sie war die Person unseres Herrn Jesus unbezahlbar.

3. Diese Menschen verstehen den Wert unseres Herrn Jesus nicht – ganz wie Judas.

4. Frage dich einfach – inwieweit wird unser Herr Jesus in der betreffenden Lehre wertgeschätzt? Bringt sie dich dazu, ihn mit deinem Leben anbeten, loben und verherrlichen zu wollen? Oder legt diese Lehre mehr Wert auf dich und darauf, was du leisten musst? Bringt sie dich dazu, dich mehr auf die Person Jesu zu konzentrieren und sich mit ihm zu beschäftigen? Oder führt sie dazu, dich mehr auf dich selbst zu konzentrieren und dich mit dir selbst zu beschäftigen und darauf, ob du versagt hast bzw. erfolgreich warst?

5. Diese Kinder kommen aus Familien, in denen Liebe und Bestätigung vorherrschen. Familien, die Kinder freigeben, damit sie erfolgreich sein können. Diese Kinder haben keine Angst zu versagen und ragen aus der Menge heraus, weil sie sich trauen, zur Ehre unseres Herrn Jesus Christus anders zu sein. Sie trauen sich, zu den Einflüssen der Welt Nein zu sagen. Sie schämen sich nicht, wenn Gleichaltrige sich über ihre christlichen Werte lustig machen.

6. In einem Umfeld von Liebe, Gnade und Bestätigung können die Eltern ihre Kinder zudem darin erziehen, zurechtweisen und unterweisen, gute Entscheidungen für sich selbst treffen zu lernen, ohne sie dabei zu entmutigen.

7. Als Folge unserer Identität als Söhne und Töchter Gottes durch das vollbrachte Werk Jesu Christi sind wir von unserem Vater im Himmel höchst begünstigt und immer geliebt. Es ist eine Frage unserer Identität und nicht unserer Leistung. Es ist davon abhängig, *wer* wir sind und zu *wem* wir gehören, nicht davon, was wir getan oder nicht getan haben. Je mehr du das wertschätzt, was Christus für dich getan hat, um aus dir ein gerechtes, geliebtes Kind Gottes zu machen, dem vergeben ist, desto mehr wirst du in deiner wahren Identität in Christus gegründet.

8. Wenn wir wissen, dass unser himmlischer Vater uns liebt, können wir Zurechtweisung und Erziehung mit Dankbarkeit und Demut annehmen. Darum ist es für jedes Kind Gottes so wichtig, die Revolution der Gnade zu erleben – damit sie in Gottes vollkommener Liebe gegründet und in seiner bedingungslosen Gnade ihnen gegenüber verankert werden. Die Gnade schenkt uns die Kraft, ein erfülltes und siegreiches Leben zu führen, das darin besteht, Sünde zu überwinden, andere zu lieben, und frei von Niederlage zu sein. Die Gnade ist der Schlüssel zu Heiligkeit.

9. Sie leben mit ständiger Schuld und Verdammung, bestrafen sich selbst und unterwerfen sich selbstzerstörerischen Verhaltensweisen. Sie wissen nicht, was unser Herr Jesus am Kreuz alles für ihre Vergebung, Befreiung, Erlösung und Freiheit geopfert hat.

10. Viele werden von Alkohol, Drogen und dem zehrenden Missbrauch aller möglichen Substanzen gefangen genommen. Oft leben sie irgendwann in einem Zustand ständiger Angst und Schlaflosigkeit und leiden unter psychosomatischen Erkrankungen und Panikattacken.

11. Du kannst heute damit aufhören, dich selbst zu bestrafen, indem du die Wahrheit empfängst, dass Jesus alle deine Bestrafung auf sich genommen hat, als er an deiner statt am Kreuz hing. Unser Herr wurde am Kreuz bestraft, damit du heute geheilt und vollständig sein kannst – an Körper, Seele und Geist! Schätze unseren Herrn Jesus und alles, was er am Kreuz für deine Vergebung, deine Befreiung, deine Erlösung und deine Freiheit geopfert hat!

12. Garrett hatte eine überwältigende Begegnung mit Jesus und seiner erstaunlichen Gnade. Er sagte: »Ich hatte keine Ahnung, dass Gott einen Menschen wie mich lieben konnte, nach allem, was ich getan hatte. … Ich bin jetzt frei! Frei, um von Gott geliebt zu sein – durch das vollbrachte Werk unseres Herrn Jesus Chris-

tus. Ich bin frei, um zu hoffen, frei, um zu empfangen, und frei, um zu Jesus zu kommen, selbst wenn ich versage.«

14. Um ein Hoherpriester oder ein Pharisäer sein zu können, musste man von klein auf ein Schüler von Gottes Wort sein und die Thora in- und auswendig kennen. Und doch waren es genau diese religiösen Leiter (die für das Gesetz eiferten und alles über die Thora wussten), die den Plan hatten, Jesus zu töten. Sie besaßen ein *Kopfwissen*, aber sie hatten kein Herz für die Person Jesu. Sie hatten dieses ganze Bibelwissen, aber den Verfasser der Bibel hatten sie nicht in ihren Herzen. Sie zitierten stets aus dem Alten Testament, um jene zu verurteilen und zu vernichten, die versagt hatten, anstatt sie zu retten.

15. Es ist möglich, viel Kopfwissen über *diese* und *jene* Theologie anzusammeln, und doch keine Herzenserkenntnis zu haben, die mit Liebe und Leidenschaft für unseren Herrn Jesus Christus brennt. Es ist möglich, deinen Verstand zu bereichern oder diese und jene Interpretation der Bibel zu erforschen, und doch ein Herz zu haben, das kalt wie ein Stein ist, wenn es um eine innige und persönliche Beziehung mit Jesus geht.

16. Wir sollten die Bibel nicht nur erforschen, um Kopfwissen anzusammeln, sondern um eine Offenbarung von Jesus zu haben. Um ein Herz für Jesus zu haben, musst du dich ins Wort begeben und die Bibel kennen. Echtes biblisches Wissen über Jesus wird dich dazu bringen, ein Herz für ihn zu haben.

17. Es bedeutet Folgendes: Du liest das Wort, um dich von seiner Schönheit, seiner Gnade, seiner Majestät und seiner unermesslichen und aufopferungsvollen Liebe zu dir zu nähren. Er ist das Brot des Lebens und je mehr du dich im Wort von ihm nährst, desto mehr wirst du von seiner Gesundheit, seinem Leben und seiner Weisheit für jeden Bereich deines Lebens gestärkt und genährt werden. Wenn du Jesus im Wort siehst, wirst du wissen,

wie du ihn achten und schätzen kannst. Jesus wird dabei zu echter Nahrung für deine Seele und er gibt dir Stärke für jeden Bereich deines Lebens.

18. Was immer du aus Liebe für Jesus tust, es kann nicht verborgen bleiben. Menschen werden es riechen. Du wirst den Wohlgeruch Christi überall auf dir tragen, und es ist ein Wohlgeruch des Sieges, nicht der Niederlage! Und nichts, was du Jesus übergibst, wird je vergessen. Was du in deinen Händen hältst, ist vielleicht vergänglich. Doch sobald du es in Jesu Hände legst, wird es ewig.

19. Jesus nahm ihre Anbetung nicht nur an, sondern umhüllte sie für immer mit dem lieblichen Geruch seines Lobes. Noch heute sprechen wir darüber, was Maria vor zweitausend Jahren für unseren Herrn tat, und ehren es. Wenn du ihn anbetest, weil du, wie Maria, seine Person vorbehaltlos wertschätzt, wird er dafür sorgen, dass deine guten Werke eine Auswirkung auf kommende Generationen haben!

20. Ob es nun also ein Ochse, ein Lamm oder zwei Turteltauben waren, waren sie in Bezug auf ihren Wert vor Gott alle gleich und ihm angenehm, weil sie auf das eine endgültige und vollkommene Opfer seines geliebten Sohnes hinwiesen.

21. Es gibt Gläubige, die eine lammgroße Offenbarung von Jesus haben. Sie wissen, dass Jesus das Lamm Gottes ist, das ihre vergangenen Sünden mit seinem Blut weggewaschen hat. Dann gibt es manche Christen, die nur eine taubengroße Offenbarung von Jesus haben. Sie sehen ihn als den Sohn Gottes, der vom Himmel herabkam, um für die Sünden der Menschheit zu sterben. Und zu guter Letzt gibt es Gläubige, die eine ochsengroße Offenbarung von Jesus und seinem reinigenden Blut haben. Da der Ochse das wertvollste der drei Opfer war, ist er ein Bild für Gläubige, die geistlich reich sind, weil sie eine große und tiefe Offenbarung von

Jesus und seinem Blut haben und davon, dass es sie von allen ihren Sünden gereinigt hat.

22. Weil alles in unserem Inneren beginnt und dann nach außen sichtbar wird. Dieser innere geistliche Reichtum (der aus einer Offenbarung von der Liebe des Herrn kommt und von dem, was er für dich vollbracht hat) wird sich in einen äußerlichen Nutzen in Form von Frieden, Stabilität, Freude, Versorgung und Sieg verwandeln. Damals war die Größe deines Opfers von der Größe deines Reichtums abhängig. Heute entspricht dein geistlicher Reichtum der Größe deiner Offenbarung von Jesus und seines vollbrachten Werks. Das ist so viel kostbarer, als nur materiellen Reichtum zu besitzen.

KAPITEL 14

1. Beachte bitte, dass der Vers von einem Hund spricht, nicht zu einem Schaf (das auf Gläubige hinweist). Es hat keine innerliche Verwandlung stattgefunden, die aus der Kraft der Gnade Gottes kam. Gleichermaßen ist es eine Sau (kein Schaf), die sich im Schlamm wälzt. Folglich bezieht sich 2. Petrus 2,22 auf Menschen, die nie die Erfahrung einer neuen Geburt gemacht haben, die geschieht, wenn Jesus als Herr und Retter angenommen wird. Mit anderen Worten, sie sind ihrem *Bekunden* nach Zugehörige der christlichen Religion, doch *Besitzer* (und wahre Bekenner) des christlichen Glaubens sind sie nicht.

2. Das Alte ist vergangen und das Neue ist gekommen. Er ist nicht mehr Hund oder Sau, sondern eine neue Schöpfung in Christus Jesus. Ein Schaf kann fallen und versagen, aber es wird sich nie in Erbrochenem und Schlamm wälzen wollen. Sünde – wie Erbrochenes und Schlamm – widerspricht dem neuen Wesen, das

eine neue Schöpfung in Christus hat. Echte Gläubige in Christus sehnen sich danach, *frei von* Sünde zu sein. Sie hassen es wirklich, in Sünde verfangen und gebunden zu sein (siehe Röm 6,14).

3. Nein, bitte beachte, dass unser Herr Jesus zu diesen Menschen sagte: »Ich habe euch *nie gekannt.*« Wie kann das auf Gläubige angewandt werden, die von neuem geboren wurden und eine Beziehung mit dem Herrn haben? Diese Aussage bezieht sich eindeutig auf Menschen, die nie eine persönliche Beziehung mit dem Herrn hatten. Dieser Abschnitt soll nur als eine Warnung an die gebraucht werden, die sich äußerlich zum Christentum bekennen, wendet sich aber nicht an diejenigen, die Jesus auch wirklich als ihren Herrn angenommen haben.

4. Damit du in unserem Herrn Jesus gegründet bist und nicht ohne Weiteres von jedem Wind der Lehre hin- und hergeworfen und umhergetrieben wirst (siehe Eph 4,14). Du bist sein kostbares Kind und dein himmlischer Vater möchte, dass deine sichere Errettung in Christus dein starkes Fundament ist.

5. Das Wort »niemals« wurde hier von der griechischen Partikel *ou me* übersetzt, die eine doppelte Verneinung darstellt, was die Bedeutung von »niemals, gewiss nicht, überhaupt nicht, auf keinen Fall« eindringlich hervorhebt. Oder, anders gesagt: Sobald du einmal errettet bist, wirst du niemals, auf keinen Fall, absolut nie verloren gehen!

6. Weil Gnade keine Lehre, Doktrin oder Formel ist. Gnade ist eine Person, und ihr Name ist Jesus! Sobald du unseren Herrn Jesus als Person siehst, sobald du all seine Schönheit, Herrlichkeit, Gnade, Liebe und Vergebung entdeckst und beginnst, eine wahre Beziehung mit ihm zu haben, willst du auf keinen Fall ein Leben führen, das seinen heiligen Namen nicht verherrlicht. Wenn du Jesus in deinem Leben wertschätzt, weißt du auch seine Herrlichkeit zu schätzen.

7. Während wir die Person Jesu betrachten und unter seiner Gnade leben, unterweist seine Gnade uns, die Gottlosigkeit und die weltlichen Begierden zu verleugnen. Als Folge davon werden wir zu Menschen, die eifrig sind für die Herrlichkeit Gottes in unserem Leben und »eifrig in guten Werken«.

8. Das Wort »angenommen« in 2. Korinther 5,9 ist nicht das griechische Wort *charitoo*. Es ist ein anderes griechisches Wort, *euarestos*, das »wohlgefällig« bedeutet. Daher sagt die *New King James*-Übersetzung: »Deshalb machen wir es zu unserem Ziel … ihm wohlgefällig zu sein.«

9. Bei *euarestos* geht es nicht um deine Stellung in Christus. *Euarestos* bezieht sich auf etwas, das du tust und das deinem Vater im Himmel großes Vergnügen und große Freude bereitet. In Christus, dem Geliebten, sind wir schon höchst begünstigt, aber es gibt Dinge, die wir tun können, um unseren Vater im Himmel zu verherrlichen und ihm besonders zu gefallen.

10. Kinder sind in den Herzen ihrer Eltern immer höchst begünstigt. Es gibt nichts, was sie jemals tun könnten, um etwas an dieser Stellung zu ändern. Es ist eine Stellung, die darin verankert ist, dass sie die Kinder ihrer Eltern sind. Und doch gibt es Zeiten, in denen sie etwas Besonderes für ihre Eltern tun, das denen große Freude bereitet. In diesen Momenten sind sie nicht nur höchst begünstigt, sondern gefallen ihren Eltern auch besonders gut. Müssen sie diese besonderen Dinge tun, um sich die Liebe ihrer Eltern zu verdienen? Auf keinen Fall! Sie sind bereits geliebt und höchst begünstigt. Ihr Wunsch, etwas Besonderes für ihre Eltern zu tun, kommt vielmehr aus der Gewissheit derer Liebe für sie. Sie wollen ihren Eltern gefallen, weil sie einfach wissen, wie sehr diese sie bereits lieben.

11. Paulus sagte: »Aber durch Gottes Gnade bin ich, was ich bin; und seine Gnade, die er an mir erwiesen hat, ist nicht vergeblich

gewesen, sondern ich habe mehr gearbeitet als sie alle; jedoch nicht ich, sondern die Gnade Gottes, die mit mir ist.« Er schrieb seinen gesamten Diensterfolg der Gnade Gottes in seinem Leben zu.

12. Jayden fühlte sich wegen seines Versagens früher niedergeschlagen, verdammt und schuldig. Doch als er die Gnade Gottes für sich entdeckte und das Richtige darüber glaubte, wurde er Jesus-bewusst, fröhlich, geheilt und ein unaufhaltbarer Evangelist der Güte und Gnade Gottes.

KAPITEL 15

2. Menschen, die von der Gnade Gottes berührt wurden, sind Träger seines Geistes der Demut und Güte. Wir sind keine Menschen, die Böses mit Bösem und Beschimpfung mit Beschimpfung vergelten. Wir sind Menschen, die dazu berufen sind, an allen Orten ein Segen zu sein. Das ist die Revolution der Gnade in Aktion.

3. Jedes Mal, wenn du gut über etwas redest, segnest du diese Sache und bist ein Segen!

4. Sprich gut über deine Ehe, deine Kinder, deine Familie und deine Freunde. So segnest du und wirst überall zu einem Segen. Segne auch deinen Körper, indem du gut über ihn redest – und sag nicht immer wieder, dass er alt wird! Rede auch gut über deine Beziehung mit dem Herrn. Nenne dich selbst den vom Herrn Geliebten. Verkündige seinen Schutz, seine Gunst und seine Gerechtigkeit über dir und den Menschen, die du liebst, und erlebe seine Segnungen wie nie zuvor.

5. Viele Menschen erkennen nicht, dass sie sich selbst und die Menschen um sie herum ungewollt mit dem konstanten Fluss der negativen Worte verfluchen, die sie über sich selbst und an-

dere aussprechen. Worte der Niederlage, Wut, Bitterkeit und Beschwerde sind giftig.

7. Als unser Herr zu dem Feigenbaum sprach, vertrocknete dieser zunächst von den Wurzeln her, bevor der Tod schließlich die Blätter erreichte. Sei also nicht entmutigt, wenn du zu deiner Herausforderung sprichst und scheinbar nichts passiert. Glaube, dass du direkt zu der Wurzel des Problems sprichst und dass die sichtbare Manifestation deines Glaubens schon in Arbeit ist!

8. Sie stellte sich auf das, was die Bibel über Jesu Blut sagt. In 2. Mose 12,13 steht: »Und wenn ich das Blut sehe, dann werde ich verschonend an euch vorübergehen; und es wird euch keine Plage zu eurem Verderben treffen, wenn ich das Land Ägypten schlagen werde.« Das Vorhandensein von Blut bedeutet, dass bereits ein Tod stattgefunden hat. Es bedeutet, dass bereits eine Zahlung geleistet wurde. Heute können wir auf dem unerschütterlichen Fundament der Verheißungen Gottes stehen, weil das Lamm Gottes auf Golgatha geopfert wurde und sein Blut sich an den Türpfosten unseres Lebens befindet.

9. Im neuen Bund dreht sich alles darum, das Richtige zu *glauben*, während es im alten Bund um das richtige *Tun* geht. Im neuen Bund geht es um die Kraft, gut zu *sprechen*, während es im alten Bund darum geht, gut zu *arbeiten*. Wenn eine Person das Richtige glaubt, wird sie das Richtige ausleben. Wenn eine Person glaubt, dass sie durch das Blut Jesu Christi gerecht gemacht wird, wird sie innerlich verwandelt, um richtig zu leben, und in ihrem Leben wird der Geist der Gottesfurcht sichtbar.

10. Beachte, dass das Wort des Glaubens zuerst in deinem Mund ist und dann in dein Herz sinkt. Wenn du Worte des Glaubens sprichst, wird das, was du sprichst, schließlich in dein Herz fallen, und was in deinem Herzen ist, wird dich leiten. Wenn du

krank bist, sprich also gut über dich selbst und erkläre: »Herr Jesus, ich danke dir, dass ich durch deine Wunden geheilt bin.«

11. Der Fokus der Gerechtigkeit, die durch das Gesetz kommt, liegt auf dem *Tun*. Der Fokus der Gerechtigkeit aus dem Glauben liegt darauf, zu *sprechen*.

12. Der Herr sprach jeweils nicht das aus, was er sah, sondern erweckte mit seinen gesprochenen Worten die Toten zu neuem Leben und rief nicht vorhandene Dinge ins Dasein!

13. An negativen Gefühlen festzuhalten, wird dich innerlich zerfressen. Wenn du jemandem zum Beispiel etwas mit Bitterkeit nachträgst, ist es so, als würdest du tödliches Gift trinken und erwarten, dass die andere Person daran stirbt! Das ist es einfach nicht wert. Du bringst dich damit langsam um.

14. Vergebung ist für diejenigen, die sie nicht verdienen. Darum geht es bei der Gnade. Erinnere dich an das, was das Wort sagt: Vergelte nicht Böses mit Bösem, Beschimpfung mit Beschimpfung. Habe stattdessen einen Geist der Gnade und segne die, die dich verfluchen. Wähle das Leben und lass diese Wut in deinem Herzen los. Lass diese Person frei, und vor allem, lass dich selbst frei. Segne sie, und gib dich selbst frei, um das Leben zu lieben und viele gute Tage zu sehen.

15. Liebe das Leben und sieh gute Tage. Fang damit an, deine Lippen davor zu bewahren, Böses zu reden, und beginne, deinen Mund mit der guten Botschaft zu füllen – mit all den wunderbaren Dingen, die unser Herr getan hat und weiterhin in deinem Leben tun wird.

KAPITEL 16

1. Viele Gläubige, die mit Sünde, Süchten und zerstörerischen Bindungen kämpfen, haben keine Offenbarung über ihre Identität in Christus unter dem neuen Bund. Wenn du einen Gläubigen mit Sünde kämpfen siehst, handelt es sich oft um einen Fall von Identitätsirrtum.

2. Paulus sagte den Korinthern, die in Sünde gefallen waren: »Wisst ihr nicht, dass eure Leiber Glieder des Christus sind? ... wisst ihr nicht, dass euer Leib ein Tempel des in euch wohnenden Heiligen Geistes ist, den ihr von Gott empfangen habt, und dass ihr nicht euch selbst gehört? Denn ihr seid teuer erkauft; darum verherrlicht Gott in eurem Leib und in eurem Geist, die Gott gehören!« (1Kor 6,15.19–20). Paulus wusste, wenn man sie an ihre gerechte Identität in Christus erinnerte, würden sie Buße tun. Sie würden zur Gnade zurückkehren und sich von ihren Sünden abwenden, wenn man sie an ihren Wert erinnerte, der dem hohen Preis entsprach, den Christus am Kreuz bezahlt hatte, um sie freizukaufen.

3. Die beste Möglichkeit, ihnen zu helfen, besteht darin, sie auf ihre Identität in Christus zurückzuverweisen. Wahrscheinlich wissen sie nicht oder haben vergessen, dass sie durch Jesu Blut zur Gerechtigkeit Gottes gemacht wurden.

4. Melissa sagte: »Ich konnte mir nicht vorstellen, mich an Gott zu wenden und in eine Gemeinde zu gehen, weil die Leute, die ich kannte, zu mir sagten: ›Du wirst wegen deiner Entscheidungen und deines Lebensstils in die Hölle kommen. Gott ist wütend auf dich. Er ist von dir angewidert.‹ Das war, was ich über Gott glaubte, und ich dachte, es gäbe für mich keine Möglichkeit, zu ihm zu kommen.«

5. Sie sagte, sie entdeckte, »dass Gott sein Bestes für mich gab – seinen Sohn, Jesus –, damit ich eine Beziehung mit ihm als meinem Papa-Gott haben und ohne Angst oder Scham in seine Gegenwart kommen konnte«.

6. Melissa erzählte, was passierte, als sie ihre Gerechtigkeit bekannte: »Auf wundervolle Weise haben alle Versuchungen, die mich in der Vergangenheit in der Hand hatten, ihre Macht über mich verloren. Es fühlt sich so an, als hätte ich noch nie einen zerstörerischen Lebensstil gehabt. Heute zeugt mein Leben davon, dass Papa-Gott mich liebt und rettet. Und was noch wichtiger ist: Die Veränderung war und ist mühelos – es kommt alles aus der Gnade Jesu. Es hat nichts mit meiner Willenskraft zu tun, sondern mit der göttlichen Kraft Christi, die in mir wirkt.«

7. Wie Melissa hören sie von einem zornigen und launischen Gott, der nur nach einer Gelegenheit sucht, sie für ihre schlechte Lebensführung mit einem großen Stock zu verprügeln und sie in einen ewigen Ofen feuriger Verdammnis zu schicken, und dass Gott von ihnen angewidert und wütend auf sie ist und sie niemals segnen wird.

8. Die, die mit einem sündigen Lebensstil zu kämpfen haben, hören nur: »WIR HASSEN SÜNDE«, und sie halten sich von der Gemeinde fern, weil sie diese Aussage verständlicherweise mit Folgendem gleichsetzen: »WIR HASSEN DICH.« Das ist einfach nicht das Evangelium.

9. Unser Herr hieß den sündigen Lebensstil der Menschen nie gut; er weckte einfach ihr Bewusstsein für seine tiefe und persönliche Liebe zu ihnen, und sobald sie seine Liebe erfahren hatten, hatten sie die Kraft, das Gefängnis der Sünde, der Sucht und der Gebundenheit zu verlassen. Die Religiösen mieden den Sünder ganz bewusst; Jesus hingegen ging gezielt auf den Sünder zu. Wenn die Gnade in unserem Leben arbeitet, bewirkt sie bei uns

das Gleiche in Bezug auf andere und befreit uns gleichzeitig aus unseren eigenen Gefängnissen.

10. Weil sie nach einiger Zeit die biblische Offenbarung vergessen, die sie empfangen haben und die ihnen den Durchbruch überhaupt erst geschenkt hatte. Offenbarungen können gestohlen und vergessen werden. Genau das war auch in der Gemeinde in Korinth geschehen und Paulus musste eingreifen, um sie an ihre gerechte Identität in Christus zu erinnern.

11. Es ist für dich so wichtig, Teil einer Ortsgemeinde zu sein, denn dort kannst du immer wieder Botschaften hören, die voll sind mit der Person Jesu, und bist von Leitern und Freunden umgeben, deren Zentrum Christus ist und die dich immer auf den Herrn zurückverweisen. Bei der Revolution der Gnade geht es nicht nur um momentane Durchbrüche; es geht darum, nachhaltige und dauerhafte Durchbrüche zu erleben.

12. Fang an, von deiner gerechten Identität in Christus zu sprechen! Wenn du entmutigt bist, wenn die Dinge düster aussehen, sprich frei, sprich mutig, und sprich ohne Zweifel. Und ich verspreche dir, dass du beginnen wirst, stressfreier, furchtloser, kühner und siegreicher zu leben als je zuvor!

KAPITEL 17

1. Bewahre deine Lippen davor, Böses zu reden. Du darfst wissen, dass du dem Herrn gehörst, der über dich wacht wie ein liebevoller Hirte über seine Herde. Verkünde: »Es ist gut, im Namen Jesu.« Oftmals sind die einfachsten Gebete (wie dieses) die kraftvollsten Gebete.

2. Die Bibel sagt uns: »Der in euch ist, ist größer als der, der in der Welt ist« (1Joh 4,4 LUT). Wir sind *sein*! Wir sind nicht wie

Schafe, die keinen Hirten haben. Aller Schutz, alle Segnungen und Verheißungen, die den Gerechten gehören, sind in Jesus Ja und Amen (siehe 2Kor 1,20). Wir müssen sie nur aus Gnade durch Glauben empfangen. Wir empfangen sie nicht durch unsere Werke, damit kein Mensch sich rühmen kann, sondern ausschließlich durch den Glauben an seine unverdiente Gunst (siehe Eph 2,8–9).

3. Wenn Angst sich einen Weg in dein Herz bahnt und du anfängst, dir Sorgen um die Sicherheit deiner Kinder zu machen, nimm einfach diese Verheißung aus Gottes Wort für dich in Anspruch und sage: »Herr, ich danke dir, dass ich die Gerechtigkeit Gottes in Christus bin und du in deinem Wort versprochen hast, dass der Same der Gerechten errettet wird.«

4. Maria saß unserem Herrn zu Füßen und nahm, schöpfte und empfing einfach von ihrem Retter. Marta hingegen war eingenommen von Pflicht, Verantwortung, Dienen und Tun. Marta war eifrig, dem Herrn zu dienen, aber sie vergaß die Person, um die es bei all dem ging. Maria sah mehr als nur das Äußerliche und erkannte im Herrn eine Fülle, aus der sie schöpfen konnte. Marta sah ihn im Natürlichen und dachte, er brauche ihren Dienst.

5. Marta war völlig von ihrer Pflicht eingenommen und übersah die himmlische Gottheit, den Herrn Jesus selbst, der direkt in ihrem Wohnzimmer saß! Die Antwort unseres Herrn lautete: »Marta, Marta! Du bist besorgt und beunruhigt um viele Dinge; *eins aber ist nötig*. Maria aber hat das gute Teil erwählt, das nicht von ihr genommen werden wird« (Lk 10,41–42 ELB). Liebevoll sprach er damit an, was ihr Herz tatsächlich beunruhigte (denn nicht ihr Dienst für ihn war das Problem), und schenkte ihr so eine Offenbarung davon, wie sie es ihrer Schwester gleichtun und lernen konnte, von ihm zu schöpfen.

6. Empfange immer weiter von Jesus. Empfange jeden Tag sein Wort, seine Gnade und sein Geschenk der Gerechtigkeit. Und be-

kenne immer wieder deine Gerechtigkeit in ihm – es wird dazu führen, dass du zur richtigen Zeit das Richtige tust, weil dies aus einer innigen Beziehung mit dem Herrn fließt.

7. Diese Lehre behauptet, obwohl alle unsere Sünden uns durch die Strafe, die Jesus für uns am Kreuz bezahlte, *richterlich* vergeben sind, sind wir auf der anderen Seite nicht mehr in Gemeinschaft mit Gott, wenn wir eine Sünde begehen – bis wir diese Sünde bekennen, um *elterliche* Vergebung zu empfangen. Wenn du nach dieser Lehre lebst, wirst du immer das Gefühl haben, dass es dir an elterlicher Vergebung mangelt, einfach, weil es immer Sünden geben wird (im Denken oder in Taten), die du nicht bekannt hast. Unterm Strich bedeutet das, dass du keine volle Gewissheit deiner Vergebung in Christus haben wirst. Du wirst immer sündenbewusst sein und deine Vergebung anzweifeln, und das werden dein Gewissen und der Teufel jeweils ausnutzen.

8. Der Apostel Paulus predigte die Vergebung der Sünden, ohne sich dafür zu entschuldigen, ohne Vorbehalt und ohne zwischen richterlicher und elterlicher Vergebung zu unterscheiden. Nimm dich also in Acht vor diesen menschengemachten Unterscheidungen, die nicht in Gottes Wort zu finden sind. Vergebung ist Vergebung; es gibt keine Unterteilungen. Dir ist entweder vergeben oder nicht, und wie sehr du deine Vergebung genießt, hängt davon ab, was du über unseren Herrn Jesus glaubst und darüber, was er am Kreuz getan hat.

9. Sage durch den Glauben: »Ich bin stark in der Stärke des Herrn. Ich kann alles tun durch Christus, der mich stärkt« (siehe Phil 4,13).

10. Sage durch den Glauben: »Durch seine Wunden bin ich geheilt« (siehe 1Petr 2,24).

11. Sage durch den Glauben: »Mein Gott kümmert sich um alle meine Bedürfnisse nach seinem Reichtum in Herrlichkeit in Christus Jesus« (siehe Phil 4,19).

12. Sage durch den Glauben: »Ich bin die Gerechtigkeit Gottes in Christus Jesus« (siehe 2Kor 5,21). Verkünde und bekräftige deine gerechte Identität in Christus. Diejenigen, die das Geschenk der Gerechtigkeit empfangen, erhalten die Kraft, um über Sünde zu herrschen (siehe Röm 5,17)!

13. Jimmy sagte: »Innerhalb weniger Wochen hörten diese [sündigen] Gewohnheiten allmählich von selbst auf! Ich fing an, in diesem Bereich mühelosen Sieg zu erleben, und ich konzentrierte mich nicht länger darauf, ›nicht zu sündigen‹, sondern auf das vollbrachte Werk Jesu! Was Willenskraft, Selbstdisziplin, Techniken und Methoden nicht tun konnten, tat Gottes Gnade! Ich bin frei und ein lebendiges Zeugnis dafür, dass die GNADE GOTTES DER SCHLÜSSEL ZUR ÜBERWINDUNG VON SÜNDE IST!«

KAPITEL 18

1. Unter dem Gesetz Moses muss die Person, die den Schaden verursacht hat, der Seite, die Schaden erlitten hat, den vollen Wert von dem, was auch immer verloren, unterschlagen oder gestohlen wurde, plus ein Fünftel zurückerstatten. Insgesamt beläuft sich das auf 120 Prozent des ursprünglichen Werts. Wie viel mehr können wir dann unter dem neuen Bund der Gnade Wiederherstellung erwarten, »eines besseren Bundes mit Gott …, welcher auf besseren Zusagen beruht« (Hebr 8,6 NLB). Das bedeutet, wir können darauf vertrauen, dass Gott uns eine Wiederherstellung von 120 Prozent – und mehr – gibt!

2. Das Schuldopfer ist ein Bild dessen, was Jesus für uns am Kreuz tat. Er wurde unser Stellvertreter und wurde für jede Schuld, die wir begangen haben, an unserer Stelle gerichtet, damit wir ungehindert jeden Segen Gottes empfangen können, wozu auch der Segen der Wiederherstellung gehört.

3. Das Wertvollste, das unser Herr Jesus dir zurückgeben kann, sind die verlorenen Jahre deines Lebens. Alle Jahre, die die Heuschrecken gefressen haben, kann Gott dir auf übernatürliche Weise wieder zurückgeben. Jede Minute, die du mit Angst, Sorgen, Zweifeln, Schuldgefühlen, Verdammnis, Sucht und Sünde verbracht hast, addiert sich zu verschwendeten Jahren, die dir gestohlen wurden. Er wird dir die Jahre zurückgeben, die die Heuschrecken gefressen haben – und zwar in größerem Maße, als du dir vorstellen kannst. Deine besten Tage liegen noch vor dir!

4. Clarence sagt, er fand Ruhe und Freiheit von Verdammnis und er erkannte Gott als seinen Papa, was gleichzeitig bedeutete, dass ihm in Christus Jesus alle guten Dinge gehörten! Er leitet heute sein eigenes Unternehmen, besitzt ein Haus und die Beziehung zu seiner Tochter wurde wiederhergestellt. Über das, was Gott getan hat, sagt er: »Er hat nicht nur mein Leben, sondern auch mein Herz und mein Denken ihm gegenüber wiederhergestellt.«

6. Unser Herr sprach hier zu Menschen des jüdischen Volks, sodass »die Wahrheit«, die sie »erkennen *werden*«, nicht der alte Bund des Gesetzes gewesen sein konnte, in dem sie sich bereits gut auskannten. Das Gesetz zu kennen und der Versuch, es zu halten, um sich dadurch ihre Gerechtigkeit zu verdienen, hatte den Menschen des Volkes nicht die Freiheit gebracht, nach der sie suchten. Vielmehr war es für sie zu einem unerträglich schweren Joch geworden.

7. Es geschah durch den Glauben (siehe Apg 15,9)! Die Heiden hörten, wie Petrus die Vergebung der Sünden predigte, *glaubten*

die gute Botschaft und ihre Herzen wurden *durch den Glauben gereinigt*. Nicht durch Werke, sondern durch den Glauben an Christus. Ihre Herzen wurden gereinigt, indem sie *das Richtige glaubten* – dass diejenigen, die an den Herrn glauben, Vergebung der Sünden empfangen und zur Gerechtigkeit Gottes gemacht würden. Das Gleiche gilt heute für uns!

8. Gemäß der Autorität von Gottes Wort sind unsere Herzen *durch den Glauben* an unseren Herrn Jesus gereinigt. Halleluja! Lass nicht zu, dass Menschen dir alle möglichen Glaubensansichten ins Herz einimpfen und dir sagen, du müsstest dieses und jenes tun, um ein reines Herz zu haben und die Segnungen des Herrn in deinem Leben zu sehen.

9. »Kommt her zu mir, alle ihr Mühseligen und Beladenen! Und ich werde euch Ruhe geben. Nehmt auf euch mein Joch, und lernt von mir! Denn ich bin sanftmütig und von Herzen demütig, und ›ihr werdet Ruhe finden für eure Seelen‹; denn mein Joch ist sanft, und meine Last ist leicht« (Mt 11,28–30 ELB).

10. Der Herr Jesus sagt dir: »Komm zu mir, und ich werde dir *Ruhe* geben.« Wiederherstellung beginnt mit RUHE. Hör also auf mit dem Versuch, durch das Gesetz Moses gerechtfertigt werden zu wollen. Du bist durch den Glauben gerechtfertigt. Während du in seiner Gnade und seinem vollbrachten Werk ruhst, wirst du deine Wiederherstellung empfangen!

11. In Jesaja 61,2 steht: »Um zu verkündigen das angenehme Jahr des Herrn *und den Tag der Rache unseres Gottes* …« Beachte, dass Jesus den Teil über den Tag der Rache Gottes nicht vorlas. Warum? Weil unser Herr, der in Nazareth stand, während er diese Schriftstelle vorlas, gekommen war, um ein angenehmes Jahr des Herrn zu verkündigen – erinnere dich an das, was er als Nächstes sagte (Lk 4,21 LUT): »Heute ist dieses Wort der Schrift erfüllt vor euren Ohren.«

12. Laut dem griechischen Gelehrten Thayer wird *dektos* definiert als »die meist gesegnete Zeit, wenn Errettung und die unentgeltliche Gunst Gottes überreichlich vorhanden sind«. Gelobt sei Gott, wir sind immer noch in dieser *dektos*-Zeit. Wir sind noch immer im angenehmen Jahr in dem Zeitalter der Gnade und unsere Verkündigung und unser Verständnis von Gottes Wort müssen diesem Zeitalter entsprechen.

15. Das Ergebnis ist eine verwirrende Theologie. Sie predigen die Gnade und sie predigen auch das Gesetz. Sie predigen die Gerechtigkeit aus Glauben, predigen aber auch die Gerechtigkeit durch Werke. Sie predigen, dass dir alle deine Sünden vergeben sind, aber dann relativieren sie es durch die Aussage, deine Sünden seien nicht vergeben, wenn du sie nicht bekennst. Sie nehmen Schriftstellen, die spezifisch für Israel bestimmt sind und wenden sie direkt auf die heutige Gemeinde an. Sie predigen einen bedingungslos liebenden Vater, aber auch einen zornigen, frustrierten und enttäuschten Gott. Was sie als »Ausgewogenheit« bezeichnen, ist in Wirklichkeit eine Vermischung – und diese führt bei allen, die ihnen zuhören, zu Verwirrung, Angst und Zweifel.

16. Valerie begann Gottes reichliche Wiederherstellung in buchstäblich jedem Bereich ihres Lebens zu erfahren, angefangen mit einer innigen Beziehung mit Gott bis hin zur Wiederherstellung ihrer körperlichen Gesundheit und gesegneter Familienbeziehungen.

KAPITEL 19

2. Marcus sagte: »Obwohl ich in die Gemeinde ging, war ich nicht sicher, ob Gott mich liebte oder ob er mich heilen würde, denn ich war nicht perfekt. Eigentlich war ich sogar ziemlich si-

cher, dass er mich nicht heilen würde, weil ich alles vermasselt und nicht genug getan oder nicht genug Opfer gebracht hatte, um Gott zu gefallen. An manchen Tagen war ich so niedergeschlagen, dass ich mich sogar fragte, ob Gott wirklich real war.«

3. Gott will, dass seine geliebten Kinder mit großer Gewissheit ihrer Errettung, Vergebung und Gerechtigkeit in Christus leben. Und wie wir mehrfach gesehen haben, gibt das Wort Gottes uns diese volle Gewissheit des Glaubens (siehe zum Beispiel 1Joh 5,11–13).

4. Dort steht, dass der Wille des Vaters darin bestand, seinen eingeborenen Sohn zu senden, damit dieser den ersten Bund (den Bund des Gesetzes) aufhebt und den zweiten Bund (den Bund der Gnade) einsetzt.

6. Der Heilige Geist wurde gesandt, um dir zu *bezeugen*, dass du zur Gerechtigkeit Gottes in Christus gemacht wurdest. Wenn du in den Gerichtsräumen des Himmels ständest, würdest du den Heiligen Geist bezeugen hören, dass Gott nicht mehr an deine Sünden und Gesetzlosigkeiten denkt.

7. Du darfst wissen, dass Gott in seiner Gnade und Weisheit uns in einen Bund gestellt hat, in dem wir nicht ungerecht gemacht werden können. Im alten Bund gab es niemanden, der durch das Gesetz gerechtfertigt und gerecht gemacht werden konnte. Doch im neuen Bund sind alle, die an unseren Herrn Jesus glauben, auf ewig gerecht gemacht. Und wir haben den Heiligen Geist, der uns diese kraftvolle Wahrheit in unserem Inneren bezeugt!

8. Wenn du heute vom Heiligen Geist geführt wirst, gibt er dir die Gewissheit, dass du in Christus gerecht bist, indem er dich unentwegt daran erinnert. Je mehr du das hörst und dich von ihm in diesem Bewusstsein der Gerechtigkeit leiten lässt, desto mehr wirst du feststellen, dass der Heilige Geist dich aus zerstörerischen Gewohnheiten, Gedanken, Beziehungen und Situationen herausführt. Er wird dich an deine Gerechtigkeit erinnern, selbst wenn

du das Ziel verfehlst und scheiterst. *Das* ist vielmehr genau die Zeit, in der du das Zeugnis des Heiligen Geistes brauchst, das dir von dort aufhilft, wo du gefallen bist.

9. Anstatt zuzulassen, dass du in der Grube der Sünde noch tiefer sinkst, zieht dich der Heilige Geist heraus. Durch das Zeugnis des Heiligen Geistes weiß der Gerechte, dass er in Christus immer noch gerecht ist. Und aufgrund dieser Gewissheit wird er die Kraft haben, wieder aufzustehen.

10. Tatsächlich sagte unser Herr Jesus, dass der Heilige Geist »die *Welt* von Sünde überführen wird«. Dieses Substantiv *Sünde* steht in der Einzahl, weil es sich auf die *eine* Sünde bezieht, die darin besteht, nicht an den Herrn Jesus zu glauben – »von Sünde, weil sie nicht an mich glauben«. Bevor wir von neuem geborene Gläubige wurden, reagierte jeder von uns auf den Heiligen Geist, als er uns von der Sünde überführte, nicht an Christus zu glauben, und luden Jesus ein, unser Herr und Erlöser zu sein.

11. Jesus sagte, dass der Heilige Geist uns Gläubige von unserer Gerechtigkeit in ihm überzeugt – »von Gerechtigkeit aber, weil ich zu meinem Vater gehe und ihr mich nicht mehr seht [womit er sich an seine Jünger wandte und gleichzeitig auch alle heutigen Gläubigen miteinbezog]«.

KAPITEL 20

1. Die Offenbarung, dass *der Herr unsere Gerechtigkeit ist*, wird Gottes Volk dazu bringen, sich nicht mehr zu fürchten noch bestürzt zu sein noch Mangel zu leiden.

3. Nur weil du die Bibel nicht von vorne bis hinten kennst, gibt es keinen Grund, sich von gelehrten Theologen verunsichern zu lassen. Das Evangelium ist so einfach, dass sogar Fischer wie Pe-

trus es begreifen konnten, und doch kann es intellektuelle Gelehrte wie Nikodemus irritieren. Wichtig ist, dass wir den Wald vor lauter Bäumen und das Wesentliche über den Willen des Vaters, das Werk des Sohnes und das Zeugnis des Heiligen Geistes nicht übersehen. Denk daran: Der gelehrte Nikodemus von heute hört vielleicht, wie das Evangelium der Gnade gepredigt wird, geht weg und fragt sich: »Wie ist so etwas möglich?«

4. Edwina sagte: »Pastor Prince erzählte, dass Jesus die beim Ehebruch ertappte Frau bedingungslos liebte und ihr das Geschenk gab, nicht mehr verurteilt zu werden, um sie dadurch zu befähigen, nicht mehr zu sündigen. Zum ersten Mal hörte ich von einem Gott, der mich nicht verurteilt.«

5. Der Herr weiß alles über dich – er kennt jedes Versagen, jede Sünde und jeden Fehler. Doch trotzdem liebt er dich mit einer ewigen Liebe, einer Liebe, die völlig bedingungslos ist, einer Liebe, die ihn ans Kreuz nagelte. Nur unser Herr, der uns vollkommen kennt, kann uns trotzdem noch vollkommen lieben. Es gibt nichts, was wir vor ihm verstecken müssen. Wir können offen mit ihm sprechen und ihm unser Versagen und unsere Fehler bekennen, weil wir wissen, dass er sie schon alle kennt und dass er uns trotzdem noch liebt.

6. Diese Bibelstellen sagen uns, dass es die Offenbarung DES HERRN, UNSERER GERECHTIGKEIT ist (die auch die Offenbarung der Revolution der Gnade ist), die einen reifen Sohn oder eine reife Tochter Gottes kennzeichnet. Sie legen eindeutig dar, dass Gott Israel, als es ein Kleinkind war, dem Gesetz unterstellte. Doch als Christus kam, brachte Gott alle, die an seinen Sohn glaubten, unter die reife Sohnschaft. Das zeigt uns: In Gottes Augen ist das Gesetz grundlegend und die Gnade ist Reife.

7. Als Petrus den Herrn kennengelernt hatte, verstand er nicht, wer der Herr war, und es war *das Gefühl seiner Heiligkeit*, dessen

er sich am meisten bewusst war. Doch nachdem Petrus gemeinsam mit ihm gelebt hatte, kannte er das Herz des Herrn und wusste, dass der Herr ihm bereits vergeben hatte. Es war die wunderbare Gnade und Liebe des Herrn, die Petrus den Mut gab, sich ihm mit voller Gewissheit des Glaubens zu nähern. Das ist *echte Reife – eine wachsende Offenbarung der Gnade und Vergebung des Herrn.*

GEBET FÜR DEINE ERRETTUNG

Wenn du alles empfangen willst, was Jesus für dich getan hat, und ihn zu deinem Herrn und Retter machen möchtest, bete bitte dieses Gebet:

Herr Jesus, danke, dass du mich liebst und für mich am Kreuz gestorben bist. Dein kostbares Blut wäscht mich von jeder Sünde rein. Du bist jetzt und für immer mein Herr und mein Retter. Ich glaube, dass du von den Toten auferstanden bist und heute lebst. Wegen deines vollbrachten Werkes bin ich jetzt ein geliebtes Kind Gottes und der Himmel ist mein zu Hause. Danke, dass du mir ewiges Leben gibst und mein Herz mit deinem Frieden und deiner Freude erfüllst. Amen.

WIR WÜRDEN UNS FREUEN, VON DIR ZU HÖREN

Wenn du das Gebet um Errettung gebetet hast oder uns nach dem Lesen dieses Buches gerne dein Zeugnis erzählen möchtest, schreib uns an: **www.josephprince.com/testimony**.

BESONDERER DANK

Besonderer Dank und Würdigung gelten all denen, die uns ihre Zeugnisse zugesandt haben. Bitte beachte, dass alle Zeugnisse in gutem Glauben erhalten und nur der Kürze und der sprachlichen Flüssigkeit halber bearbeitet wurden. Die Namen der Verfasser wurden zum Schutz ihrer Privatsphäre geändert.

BLEIBE MIT JOSEPH IN KONTAKT

Über die folgenden Sozialen Netzwerke kannst du mit Joseph in Kontakt bleiben und täglich inspirierende Impulse (in englischer Sprache) erhalten:

Facebook.com/JosephPrince
Twitter.com/JosephPrince
Youtube.com/JosephPrinceOnline
Instagram: @JosephPrince

Kostenlose tägliche E-Mail-Andachten
Trage dich unter **JosephPrince.com/meditate** in den Verteiler für Josephs KOSTENLOSE E-Mail-Andachten ein und erhalte kurze Botschaften, die dir helfen, in der Gnade zu wachsen.

Die Revolution der Gnade

Eine Revolution fegt über die Erde: die Revolution der Gnade. Wer das wahre Evangelium von Jesus Christus hört und glaubt, dessen Leben wird tiefgreifend verändert. Kranke werden heil, Sünder werden frei, Menschen führen ein Leben im Sieg. Pastor Joseph Prince erläutert, wie man diese Revolution erfahren kann – auch anhand bewegender Beispiele.

423 Seiten, gebunden, ISBN 978-3-95933-000-8
Auch als E-Book auf allen gängigen Plattformen erhältlich.

Die Revolution der Gnade
Hörbuch

Gelesen von Philipp Schepmann
675 Min. – ungekürzte Lesung

1 mp3-CD: ISBN 978-3-95933-001-5
9 Audio-CD: ISBN 978-3-95933-003-9

Auch als Download auf allen gängigen Plattformen erhältlich.

Zur Herrschaft bestimmt

Menschen sind zu einem erfüllten, siegreichen Leben berufen – Gott macht dies möglich. Pastor Joseph Prince aus Singapur zeigt, wie wir Krankheiten, finanziellen Nöten, zerbrochenen Beziehungen und zerstörerischen Gewohnheiten entgegentreten können.

368 Seiten, gebunden, ISBN 978-3-943597-70-7
Auch als E-Book auf allen gängigen Plattformen erhältlich.

Zur Herrschaft bestimmt
Hörbuch

Gelesen von Philipp Schepmann
600 Min. – ungekürzte Lesung

1 mp3-CD: ISBN 978-3-943597-73-8
8 Audio-CD: ISBN 978-3-943597-72-1

Auch als Download auf allen gängigen Plattformen erhältlich.

Unverdiente Gunst

Gott will, dass du in jedem Bereich deines Lebens erfolgreich bist. Seine Gnade bzw. unverdiente Gunst öffnet dir Türen und bringt dich voran. Dieses Buch zeigt dir, wie alle deine Begegnungen und Vorhaben gesegnet und ein voller Erfolg sein können. Es erklärt, wie du durch Gottes Liebe ein Überwinderleben führen kannst.

395 Seiten, gebunden, ISBN 978-3-943597-75-2
Auch als E-Book auf allen gängigen Plattformen erhältlich.

Die Kraft des richtigen Glaubens

Was du glaubst, hat Macht! Wenn du ändern kannst, was du glaubst, kannst du dein Leben verändern und frei werden von Ängsten, Schuldgefühlen und Abhängigkeiten. Darum ist es so wichtig, das Richtige zu glauben. Pastor und Bestsellerautor Joseph Prince stellt sieben täglich anwendbare biblische Prinzipien vor, die dir zum Sieg verhelfen.

392 Seiten, gebunden, ISBN 978-3-943597-80-6
Auch als E-Book auf allen gängigen Plattformen erhältlich.

Gesund und heil durch das Abendmahl

Falsche Vorstellungen über das Abendmahl haben viele Christen eines von Gott festgelegten Kanals der Heilung und Gesundheit beraubt. Dieses Buch erklärt, welche Bedeutung die Elemente des Abendmahls wirklich haben: das Blut Jesu zur Vergebung der Sünden und sein Leib für unsere Heilung.

86 Seiten, Taschenbuch, ISBN 978-3-943597-85-1
Auch als E-Book auf allen gängigen Plattformen erhältlich.

Geistliche Kampfführung

Im 6. Kapitel des Epheserbriefes, dem Text über geistliche Kampfführung, ist vor allem von »stehen« die Rede. Damit wir im Glaubensleben standhaft bleiben können, hat Jesus uns eine siebenteilige Waffenrüstung gegeben. Joseph Prince zeigt, wie man diese Rüstung anlegt und gebraucht.

103 Seiten, Taschenbuch, ISBN 978-3-95933-022-0
Auch als E-Book auf allen gängigen Plattformen erhältlich.

Zur Herrschaft bestimmt
365 Andachten

Diese 365 kraftvollen Andachten werden den Leser erkennen lassen, dass er über jede Widrigkeit, jeden Mangel und jede zerstörerische Gewohnheit herrschen kann. Über alles, was ihn daran hindert, das erfolgreiche, erfüllte und siegreiche Leben zu genießen, für das er bestimmt ist.

384 Seiten, gebunden, ISBN: 978-3-943597-95-0
Auch als E-Book auf allen gängigen Plattformen erhältlich.

WEITERE BÜCHER VON PASTOR JOSEPH PRINCE:

Das Gebet des Schutzes
Herrliche Gnade
100 Tage in der Kraft des richtigen Glaubens
Ein lebenswertes Leben
Dein Wunder liegt in deinem Mund
Zur richtigen Zeit am richtigen Ort
Die Benjamin-Generation

www.josephprince.de